誰も教えてくれない

お金と経済のしくみ

森永康平 金融教育家／経済アナリスト

あさ出版

プロローグ

お金の常識って何だろう？

●お金ってどうやってできたの？

みなさんが生きていくうえで、無視できないもの。

それが「お金」です。

では、そのお金はどのようにできたのでしょうか？

みなさんはそんなことを考えたことがありますか？

いつ習ったのか忘れてしまいましたが、私が過去に習った内容をざっと書いていきましょう。もしかしたら「そうだったよな」と思い出すことが多いかもしれません。

まだお金がこの世に存在していなかった時のことです。山に住んでいる人は狩りで手に入れた肉を持って、海へと下りていきました。一方で海辺に住む人は漁で手に入れた魚を持って山へ向かいました。

　なぜでしょう?

　それは、肉と魚を物々交換しようとしていたからです。ただ、必ずしもすぐに肉と魚を交換したい人が見つかるわけではありません。

「肉が欲しい人いませんか〜」

「魚が欲しい人いませんか〜」

　それぞれが欲しい人を探しているうちに肉も魚も腐ってしまいます。そこで、肉と魚を物々交換したい人は「いついつのこの時にここに集まろう」というようなルールを作りました。これがいまの**「市場」の起源**となります。

　それから、時が流れ、中国から稲作が伝わってきます。すると今度は肉や魚ではなく保存がきく稲を交換手段にしようとなり、そこから徐々に稲が貝や石、布などに変わっていきました。これが**「お金」の起源**といわれています。

その後、それらのお金の起源になったものは、それ自体に価値がある金などの貴金属へと変わっていくわけですが、貴金属でできた硬貨はそれ自体に価値があるために削られてしまったり、また使用し続ける中ですり減ってしまったりするため、さらに紙幣へと変わっていきました。

そして、その**紙幣は貴金属との兌換（交換）が保証されるというしくみに変わっていくのです。**

●常識が常識ではなくなる瞬間

いかがですか？

細かい部分に違いがあるかもしれませんが、金融教育の「基本のき」である「お金はどうやってできたの？」という点についてはいま書いたようなことが常識として知られています。

ただ、このようにお金が金など価値のあるものの保証のもとに成り立っているということが常識だとすると、現在の状態を説明できない気がしませんか？

たしかに、米国は金とドルの兌換を保証していた時期があり、それゆえに世界の基軸通貨としてドルが強い存在感を示していました。

しかし、ベトナム戦争による軍事費拡大などで財政が悪化した米国では、金が国外へ流出したことで金とドルの兌換ができなくなり、ついには1971年に金とドルの兌換を停止。その結果、ドルの価値が急落しました（ニクソンショック）。

いまではドルを米国の銀行に持っていっても、同じ価値の金と交換してもらえるということはありません。しかし、未だにドルは世界の基軸通貨として存在していますし、世界各国で流通しています。

なぜなのでしょうか？

その他にも常識だと思われていたけれど、よく考えてみるとおかしくないか？と思うことが、お金の世界では多く存在します。

たとえば、日本の財政状態は悪く、日本国民1人あたりの借金は1000万円近くあり、それを解消するためには消費増税を含む増税が必要だといわれます。

ただ、**なぜ「国の借金」が「国民の借金」になるのでしょうか？**

誰かに負債が発生した場合は、その他の誰かは資産を得るはずです。では、この場合、資産を得た人は誰なのでしょうか？

このように常識だと思っていたことや習ってきたことも、冷静に考えてみると、なぜそれが常識として扱われてきたのかがわからなくなってきます。

だからこそ、多くの人がお金の正しい知識や教養を身につけなければいけない、私はそう思っています。

お金の話題を避けているからお金に苦しむ

私が日本で金融教育を普及させたいと思い株式会社マネネを創業してから3年が経とうとしています。

日本では、金融教育というとなぜか投資の手法を教えてくれるものだと勘違いする人が多いのですが、私が考える金融教育はもっと幅広いものです。

投資は金融教育の中の1分野にすぎません。金融教育には節約や詐欺から身を守る方法なども含まれますし、会計や経済の知識を身につけることも含まれると考えています。でも日本では、投資という言葉を1つとってみても、危いことや、悪いことをしているなど、お金に対してネガティブな印象を持つ人が多いのが現状です。

最近は小学校でも英語やプログラミングを教えるようになりました。私が子どものころはそのような授業はありませんでした。いろいろなことを学ぶのは素晴らしいことですが、全ての人が将来英語やプログラミングを必要とするとは思いません。

一方で、**全ての人がお金と一切関わらずに生きていくことはできないのに、未だに日本ではお金の授業はありません。**子どもですらおこづかいやお年玉をもらったり、アルバイトをして給料をもらったりします。なのに、**お金については学校では教えてもらえない——**。

お金の常識が変わりつつある現代においてそのようなことで

いいはずがありません。

本書はお金について、そしてそのお金が回る経済のしくみについて、私の知り得る限り時代に即した形で、データもふんだんに取り入れつつ、大人が子どもにお金のことを説明できるように、わかりやすく書いたつもりです。

1章では**「使う」「貯める」「増やす」といったお金の基本的な考え方**を、ムダ遣いや贅沢など、みなさんがイメージしやすい常識に触れつつ紹介していきます。

続く2章では**お金を稼ぐことについて**書いています。働き方が多様化する現代社会での稼ぎ方についてみなさんと考えていけたらと思います。

3章は**将来のお金について**みていきます。将来必要になってくる費用、もらえるお金などを通して、私たちはどうやってお金を蓄えていけばいいのか？　そんなことについて一緒に考えていきましょう。

そして、4章。副収入や詐欺被害といった話から、キャッシュレス化が進む世の中など**最新のお金について**考えていきたいと思います。

最終章の5章ではそもそもお金が回っている世の中、経済のしくみについて最新の経済理論を交えつつ紹介していきます。
また、それぞれの章の各項目にはお金と経済に関するクイズも織り交ぜてみました。お金についての知識を得るだけでなく、考えるきっかけになればと思っています。

本書では「お金」を軸に身の回りのことから、国家レベルのことまで網羅的に書いています。なぜなら、**自分自身のお金の常識を持てるようなるには、様々な視点から「お金」について考える必要があるから**です。

もし、この本を読んだみなさんが、最新のお金の知識や教養を得て、自分なりのお金の常識を持てるようになったなら、日本に金融教育を広めようとする1人としてこんなに嬉しいことはありません。

それでは肩の力を抜いて、続くページを開いてみてください。
お金についての楽しい学びのスタートです。

CONTENTS

2章 お金を稼ぐことについて教えて

3章 将来のお金はどうやって蓄えればいいの？

はい！
お小遣い
ありがとう！

5章 そもそもお金はどうやって世の中を回っているの？

本書記載の情報は特に断りがない限り、
２０２１年４月時点の情報をもとにしております。

1章

「使う」「貯める」「増やす」お金の基本を知ろう！

1sho 01

ムダ遣いとそうでない使い方の違いは？

●常に選択を求められている

みなさんもお年玉やお小遣いをもらう時、「ムダ遣いはしちゃダメだよ？」とか、「欲しいものを買うのに使うんだよ？」といわれた経験があるのではないでしょうか？

この言葉自体は間違っていませんし、全く問題はありません。

しかし、これではお金をもらう側に最初から貯めることを念押ししてしまうため、**多くの人が無意識のうちに貯めることが良いことで、使うことは悪いことという考えを刷り込まれてしまいます。**事実、日本人は欧米人よりも資産（お金や家、株券などの財産）を現預金（現金や貯金）で持つ傾向にあります。

私が日本で子ども向けの金融教育を広めるためにマネネという会社を立ち上げる時、米国で5歳以下の子どもたち（未就学児）の金融教育で使われている教科書を取り寄せて研究したことがありました。

その時に驚いたのが、教科書のなかで「Opportunity Cost」という単語が何度も出てくることでした。この言葉を日本語にすれば「機会費用」となり難しそうにも感じますが、意味は非常にシンプルです。

たとえば、１００円をもらったとします。そのお金で１００円のお菓子を買ってしまえば、所持金はゼロになってしまいます。使わずに貯金をしておけば、次に１００円をもらった時に合計２００円になるので、１００円よりも値段の高いお菓子が買えるようになります。

ここでいいたいのは、この2つの行為の「どちらが正しいか？」ということではなく、私たちは常に選択を迫られているということです。１００円のお菓子にお金を使うこととお金を貯めて２００円のお菓子に使うこと。あなただったらどちらを選びますか？

この2つの行為を同時に選択することはできないので、どちらかを選ばなければなりません。であれば、「自分の満足度が最も高いほうを選択しましょう」ということになります。この時の**最も満足度が高い選択と、それ以外の選択をした場合の満足度の差が「Opportunity Cost（機会費用）」**なのです。米国では未就学児向けの教科書で、こんなにレベルの高い言葉を教えているのです。驚きますよね？

日米の金融教育の差とは？

日本では幼いころから金融教育を受ける機会が極端に少ない状況ではありますが、家庭では貯金箱を渡して貯金をさせたりもします。もちろん我が家も豚の**貯金箱**(注1)にお小遣いを保管させています。それでは、ここでクイズです。

問題

米国で子どもたちに与えられる豚の貯金箱にはお金を入れる穴が4つあります。それぞれの穴には「何のために入れるのか」という目的が書いてあります。さて、その4つの目的とは何でしょうか？

思いつくままに4つの目的を頭の中で思い浮かべてみてください。

なぜ、お金を貯金箱に入れるのでしょうか？　そもそも、日本で使う豚の貯金箱はお

(注1）**貯金箱**　アジアにおける貯金箱のルーツは約2100年前の前漢時代、中国の雲南省、滇王（てんおう）一族の墓から出土した「貯貝器」だろうと考えられている。形は青銅製で円形筒型をし、当時のお金である「子安貝」を貯める器として使われていた。

金を入れる穴が1つしかないですから、少し考えないと4つも目的が思い浮かばないかもしれませんね。

では、クイズの答えはどうでしょうか？　正解は「Spend」(使う)、「Save」(貯める)、「Invest」(増やす)、「Donate」(寄付する) の4つです。

最初の2つはすぐに思い浮かんだかもしれません。しかし、後の2つは思い浮かばなかった人も多いでしょう。未だに投資をしない日本人も多いので、増やすという目的はすぐには思い浮かばないかもしれません。それ以上に、寄付文化がない日本人には寄付するという目的は全く考えなかったという人も多いと思います。

日本と米国では、この豚の貯金箱を1つとっても、幼少期からの金融教育に大きな差が見て取れるのです。

それって本当にムダ遣い？

私たちはお金を手にした時、使う、貯める、増やす、寄付するなどの選択を迫られ、どれかを選べば残りの選択肢は諦めることになります。

つまり、貯めることが良く、使うことが悪いというわけではなく、**いくつかの選択肢からいちばん良いものを選べばいい**のです。このような考えの軸を持つと、お金を使う時にそれがムダであるか、そうでないかが判断できるようになります。

たとえば、必要ではないものだけれど、店頭で目にしてついつい衝動買いしてしまったという経験は誰にもあるはずです。これは明らかにムダ遣いであるといえます。

しかし、一般的にはムダ遣いと思われていることが、実はムダであるとは言い切れないというケースもあります。たとえば、タクシーを使うことは贅沢だったり、ムダ遣いだと思う人が多いものですが、それによって移動時間が短縮できたり、移動による疲労を抑えられるのであれば、必ずしもムダ遣いとはいえません。

また、飲み会や接待（会社のお付き合いとしての飲み会）をムダと考える人もいますが、そこで築かれた人脈が仕事につながることもありますし、自分が事業を起こした時に、パートナーとして一緒に働いてくれる仲間を見つけられるかもしれません。

見た目への投資もムダ遣いだという人がいます。しかし、経営者が集まるような会合にみすぼらしい恰好で行くと、それだけで軽く見られますから、見た目も清潔感があ

最も満足度が高い選択は？

Opportunity Cost＝機会費用

り、キレイであるに越したことはありません。これらはいわゆる自己投資（自分への投資）であり、将来的にお金を増やすことにつながるともいえるでしょう。

日本人の傾向として、つい貯蓄が美徳（良いこと）であるという考え方を持ってしまいがちですが、お金を手にしたらぜひこの機会費用という言葉を思い出してください。

貯める以外の選択肢もある中で、どの選択肢が最も満足度が高いのかを判断軸に行動してもらえればと思います。

1sho 02

贅沢って何をどうすること？

●お金にネガティブなイメージを持つ日本人

私は以前、なぜ日本人はお金にネガティブなイメージを持っているのかを調べたことがあります。その時、約300年前の落語の中に「育ちが悪い人はお金、お金といい、育ちが良い人はお金に興味を持たない」というような内容を見つけました。

私が調べた際に遡れた限界が300年前ということであって、実はもっと昔の文献にも似たようなことが書いてあるのかもしれません。ただ、少なくとも300年近く前から今日に至るまでの間ずっと、そのような価値観が日本人にしみついているといえるのはたしかです。実際、マンガや映画を観ていても、主人公が貧しい家庭環境で、悪役が金持ちというシチュエーションをよく見かけます。

私も日本生まれ日本育ちの生粋の日本人ですから、慎ましい生活を送ることが美徳であり、贅沢な生活をするのは悪であるという価値観を無意識のうちに持っていた気がします。ただ、一般的にお金持ちといわれる富裕層（注2）の方たちとお話をさせていただいた時、ある方がこんなことをいっていました。

「日本人はお金持ちを目の敵にするけれど、自分が豊かな生活を送れていて、さらにお金に余裕がある状態じゃないと、他人のことは助けられないよ」

たしかに、自分が最低限の生活しかできない状態であったら、お金に困っている他人を助ける余裕はありません。

この時、改めて思ったのは、お金を持っていることが悪いことなのではなく、そのお金をどのように使うかということが重要なのだということです。

●実際にお金はいくら必要？

では、贅沢とはどういうことをいうのでしょうか？

辞書で言葉の意味を調べてみると次のように説明されています。

（注2）富裕層
いわゆるお金持ちのこと。野村総合研究所の調べによると日本における1億円以上の資産を持つ富裕層の世帯数は133万世帯で、2013年の安倍政権によるアベノミクス以降一貫して増え続けているという。

実際の生活が必要とする以上の、分に過ぎた消費。「――が身を滅ぼす」「――に暮らす」。また、費用がひどくかかること。「――な屋敷を造る」。

『岩波国語辞典 第七版 新版』より

何をもって贅沢とするか、その線引きは明確ではありませんが、辞書に書かれている説明にもとづけば、必要最低限の日常生活を大きく超える部分を指すのでしょう。たとえば、今日は高級なお寿司を食べに行こうとか、週末は海外旅行に行こうなど、こういう選択は贅沢にあたるのかもしれません。では、ここでクイズです。

問題

老後に夫婦2人でゆとりのある生活を送るためには、必要最低限の日常生活費に1か月いくら上乗せすればいいでしょうか?

1 7万円
2 14万円
3 21万円

ちなみに、公益財団法人生命保険文化センターが発表した「令和元年度　生活保障に関する調査」によると、老後を夫婦2人で暮らしていくうえで、日常生活費として月々最低22・1万円必要となっています。

ではクイズの答えはどうでしょうか？　同調査によると答えは②の14万円となっています。つまり、夫婦2人でゆとりのある老後生活を送るためには、毎月22・1万円に14万円を足した36・1万円が必要とされているのです。

贅沢はいけないこと？

このゆとりある生活が贅沢というのであれば、それはいけないことなのでしょうか？食べたいものを食べたい時に食べる。行きたい所に行きたい時に行く。私は、非常に素晴らしいことだと思います。

たしかに、このように自由気ままに生きるには、それなりにお金が必要となります。

それゆえに、人は仕事を頑張ってお金を稼いだり、より高い給料がもらえるように自己投資をして資格を取得したり、人脈を作ったりするのではないでしょうか？　そして、自分が豊かな生活を送れるようになると、今度は他人にも経済的な援助ができたり、喜んでもらえるようにもてなしたりすることができるのです。

日本人であれば誰もが知っている『ドラえもん』。その登場人物に裕福な家庭の子どもの**スネ夫**(注3)がいます。スネ夫はよく親に買ってもらったオモチャを自慢し、のび太が使わせてもらおうとすると、仲間外れにしていました。

子どもの時、このようなシーンを見るたびに、私は「スネ夫は嫌な奴だなぁ。親がお金持ちでいろいろなオモチャを買ってもらえるのだから、友達にも使わせてあげれば人気者になれるのに……」と不思議で仕方がありませんでした。

ようは、お金持ちだからダメなのではなく、お金を持っている人がその環境を利用して、このように他人に意地悪をすることがいけないのです。

こういう話はアニメの中だけではありません。私は社会人になってから、多くのお金持ちと話をしてきました。親が地主というケースもあれば、自分で立ち上げた事業を大企業に売却し、30代にして巨額の富を得た人もいました。その中には、やはりお金に

(注3)**スネ夫**
骨川スネ夫。ドラえもんチャンネルのキャラクター紹介によると、性格は「家がお金持ちで、自慢ばかりしている」、将来の夢は「ファッションデザイナー」、紹介文には「のび太のクラスメイトでジャイアンのご機嫌をとるのがうまい」とある。

いくらあっても満たされない

よって人間性がおかしくなってしまった人もいました。よく私の父親がいっていたのは、**「お金は海水のようなもの」**ということです。飲めば飲むほど喉が渇くように、一度お金の魔力にかかってしまうと、いくらあっても満たされず、違法なことをしてでも儲けようとする人も出てきます。こう考えると、**お金が悪いのではなく、お金によってその人の本性が暴かれてしまう、ということが正しい理解の仕方なのではないか**と思うのです。

どうか本書を読んでいるみなさんには、お金を悪者扱いするのではなく、重要なのは人間性にあるのだ、ということを理解してもらえれば嬉しいです。

1sho 03

お金を預けることと借りること

●普通と定期の金利の違いはどこから生じる?

銀行に預金口座を開く時、預金にも普通預金や**定期預金**(注4)など、いくつか種類があることを知るでしょう。銀行の支店に行くと壁にポスター、机には冊子が置いてありますし、行員が説明してくれることもあります。超低金利の現在だと、それぞれの違いを認識しづらいかもしれませんが、一般的には普通預金よりも定期預金のほうが金利は高く設定されています。

現在はメガバンクだと普通預金の金利は「年0・001%」で、定期預金は「年0・002%」とほとんど差がありませんが、通常時はもう少し差がついています。たとえば、2000年は普通預金の金利が年0・10%、定期預金の金利が年0・22%でした。

(注4)定期預金
預けてから一定期間お金が引き出せない預金のこと。1990年代の初めのころは定期預金の金利が7%程度あり、10年預けていると預金が2倍になるといわれていた。

なぜ、同じ預金なのに金利が違うのでしょうか？

普通預金はいつでも引き出せますが、定期預金は預け入れる際に決めた期間は原則として預け続けなければいけません。絶対に引き出せないということはありませんが、その場合は最初に設定されていた金利よりも低い金利が適用されてしまいます。

いつでも引き出せるという利便性を優先するか、高い金利を優先するか、ここでも選択を迫られるということですね。

ただ、定期預金が原則として満期まで引き出せないというのは、必ずしもデメリットではないということも理解しておきましょう。日本人は貯蓄が好きなので、該当しない人のほうが多いかもしれませんが、ついついお金を使いすぎてしまうという人は引き出しに制限がある定期預金に預けておくのはお金を貯める1つの手段になると思います。

お金が2倍に？　72の法則

超低金利時代の現在では金利といわれても実感が湧かないかもしれませんが、1年間で預金につく金利がどれぐらいだと、何年後にいくらになるか、という計算はサッとできるようになっておくといいでしょう。

それでは、ここでクイズです。

問題

毎年3％の金利がついた場合、預金額が2倍になるのは何年後でしょうか？

1 約12年
2 約24年
3 約36年

ちなみに、このクイズでは手数料や税金は考慮せずに計算しているので、難しいことを考えずにシンプルに回答してみてください。本書はあくまでお金の知識や教養を身につけることが目的ですから、あまり細かい話はしません。

では、クイズの答えはどうでしょうか？　正解は②の約24年となります。

実は簡単に計算する方法があります。それは**「72の法則」**とよばれるもので、次のような式で算出されます。

毎年3％の金利がついた場合の預金額の推移

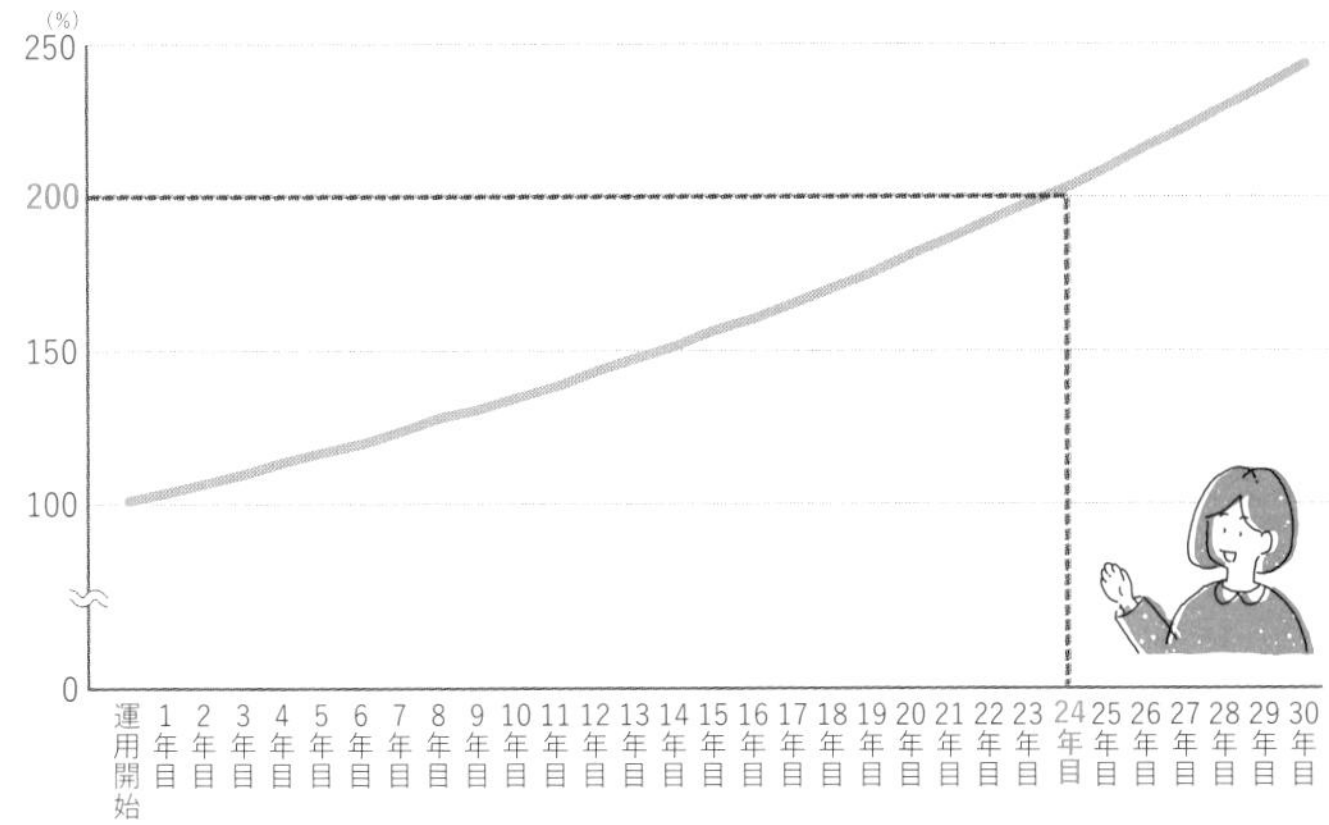

（出所）：株式会社マネネが作成。

「72÷金利≒お金が2倍になる期間（年）」

つまり、先程の例でいうと、72を3（%）で割ると24ですから、答えが②の約24年だと即答できるのです。

いかがでしょうか？　簡単ですよね。

銀行のビジネスモデルを知ろう

子どもに金利の話をすると、必ず出てくる質問は次のようなものです。

「なんで預けてるだけで金利をつけてくれるの？」

さて、あなたはどのように答えますか？

企業が設備投資をしたり、人を採用したりするのにはお金が必要になります。企業が稼ぎ出した利益の中でお金を全て手当てできるのであれば問題ないのですが、多くの企業にはそのような余裕はありません。

そこで、銀行からお金を借りて、そのお金を元手に**設備投資**(注5)や採用を進めていきます。そして、生み出したサービスや商品を消費者に提供します。消費者は企業においては労働者ですから、企業から給料をもらい、商品やサービスを購入した後に残ったお金を銀行に預けます。

このような形でお金はグルグルと社会を回っているわけですが、銀行もボランティア団体ではなく、利益を追求する営利企業です。そこで、企業に貸し出す際に、金利を乗せて返済してもらう契約を結びます。

イメージが湧かないかもしれないので、数字で考えてみましょう。銀行が企業に100万円を融資します。その際、1年後に10%の金利を上乗せして返済するように約束するとします。この約束が守られると、1年後100万円が110万円になって返済されます。この時、銀行は10万円の儲けが出るので、この10万円を銀行の運営費に充てつつ、一部を金利として預金してくれている顧客の口座に振り込みます。このようにし

(注5)
設備投資
企業（会社）が事業を行うために必要な設備にお金をかけること。生産設備の新設、生産能力の拡大、省エネ・省力化、合理化、情報化などのために行われる。国や地方公共団体が行う公共投資も設備投資の一種である。

て銀行を中心としてお金がグルグルと回るのです。

いま、この説明を読んで違和感を覚えた人はいませんか？　このような説明を学校で教える時は、消費者が銀行にお金を預けて、そのお金を銀行が企業に融資をするという順番がほとんどです。でも、先程の説明だと、銀行が融資をするところから始まりました。これは私が間違って書いたのではなく、意図的にそう書いているのです。頭の中がこんがらがってしまったかもしれませんね。ここでの話はここまでとして、51ページでも詳しく説明していますのでそちらも参照してみてください。

1sho 04

なぜ日本人は投資を怖がるの？

●先祖代々の言い伝え

日本人はあまり投資に馴染みがないといわれることが多く、私が金融教育の講演を親子向けにやらせていただくと、講演後に必ずといっていいほど「なぜ日本人は投資をしないのですか？」と聞かれます。

そのような時は私の考える仮説をお話すると同時に、「なぜ、あなたは投資をしたいのですか？」と同じ質問をさせていただきます。日本で金融教育を普及すべくマネネという会社を創業してから3年ほどが経ち、それなりの数の方にこの質問を続けた結果、日本人が投資を怖がる3つの要因が浮かび上がってきました。

まず1つ目は**「身内から聞く投資に対するネガティブな情報」が原因**だということ。

多くの人が、自分の両親や祖父母、または親戚から投資に関する悪い話を聞き、投資をする前から投資に対して危ないとか、怪しいといった印象を抱いてしまうようです。

その中でもよく聞いた話は、投資についてあまり知識がない祖父母が金融機関の営業員にいわれるがままに金融商品を購入していたことが亡くなった後に発覚。調べてみると大損している状態だったというものです。

投資は自己責任ですから、営業員がどれだけ勧めてこようとも、その商品を買うかどうかの最終判断は自分で下します。よって、損をしたとしてもそれは自己責任なのです。とはいえ、キレイな資料を見せられながら、何度も繰り返し練習してクオリティーが高まったセールストークをされてしまえば、とても魅力的な話に聞こえてしまうのも無理はないでしょう。実際、私の祖母のもとにも金融機関の営業員がセールスにきたことがありました。金融機関もちゃんとした企業であり、詐欺集団ではないですから、虚偽の説明をしたり、誤った情報を資料に記載したりすることはありません。

しかし、数字の見せ方やグラフの作り方は私から見ると「ズルいなぁ」と思うような箇所が多々ありました。その時、「やはり、ある程度は知識がないと自分自身を守ることはできないんだな」と思ったものです。

日本は欧米よりも金融リテラシーが低い？

2つ目は**日本人が欧米人に比べて、金融リテラシーが低い**というものです。

金融リテラシーというのは簡単にいえば「お金の教養」と考えてください。日本ではお金のことを学ぶ機会もありませんし、仕方がないことだと思います。

とはいえ、欧米と比較して日本人の金融リテラシーはなぜ低いといわれるのでしょうか？　その根拠の1つは家計（201ページ参照）の**金融資産**(注6)に占める現金・預金の比率があるようです。それでは、ここでクイズです。

問題

2020年3月末時点における、日本の家計の金融資産に占める現金・預金の割合として正しいのはどれでしょうか？

1 13・7％
2 34・9％
3 54・2％

(注6) 金融資産
日本の個人の金融資産は2020年末時点で1948兆円、それに対し民間企業の金融資産は1275兆円で個人のほうが民間企業よりも多い。なお、どちらもコロナ禍の長期化で手元の資金を多く持つ傾向がみられ、過去最高額になったという。

家計の金融資産構成（2020年3月末時点）

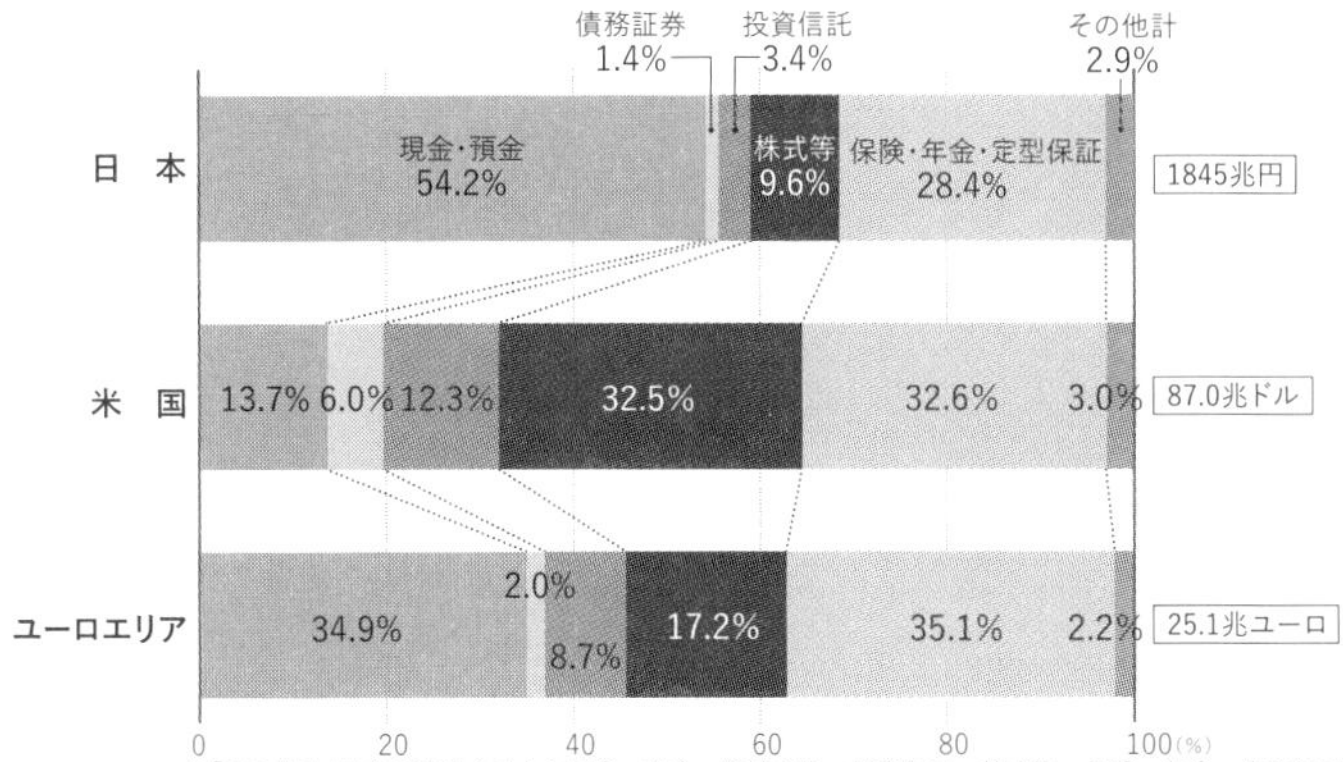

※「その他計」は金融資産合計から現金・預金　債務証券　投資信託　株式等　保険・年金・定型保証を控除した残差。

（出所）：日本銀行「資金循環統計」より。

ちなみに、上図は日本銀行が発表している「資金循環統計」という資料に載っている日米欧の家計の金融資産構成です。これを見ると日本の家計において投資信託が占める割合は3・4％、株式等は9・6％となっています。

一方で米国は投資信託が占める割合は12・3％、株式等が32・5％となっており、たしかに日本と米国では投資に対するスタンスは全く違うといえそうです。

では、クイズの答えはどうでしょうか？

同じく、上図によれば答えは③の54・2％ということがわかるでしょう。

この図を使って日本人の金融リテラシー

が欧米に比べて低いといわれることが多いのですが、必ずしもこれだけではそうはいい切れないと私は思います。

日本は長らくデフレ（物価が継続的に下がる現象、詳しくは217ページ参照）に苦しんできました。デフレ下では現金の価値は上昇します。

理解しやすいように、極端な例を挙げます。たとえば、2020年の年収が500万円、翌年も同額だとしましょう。しかし、車の値段が2020年は500万円、翌年は半額になる（物価が下がる）とどうでしょう。

2020年は1台しか車が買えないのに、翌年は年収が同額でも2台買えますね。つまり、物価が下がったことで現金の価値が上がったのです。

そう考えると、お金の価値が上がるデフレの状態で、値下がりする可能性もある株や投資信託などの資産に投資せずに、現金を保有していた日本人はむしろ金融リテラシーが高いといえるのかもしれません。

株価指数が問題？

3つ目の理由は**株価の動きに問題があるのではないか**、ということです。この株価の動きは株価指数というもので見ます。日本であれば**日経平均株価**（注7）やTOPIX（東証株価指数）、米国であればNYダウやS&P500といった株価指数が有名です。株価指数というのは、その国の株式市場の状況を把握するために、複数の企業の株価から算出する指数のことです。

たとえば、日経平均株価は東証一部上場企業のうち、取引が活発にされている企業を日本経済新聞社が225社選んで、その株価から算出しています。

では、なぜ株価の動きに問題があるのか、実際に東証市場第一部に上場する内国普通株式全銘柄を対象とする株価指数であるTOPIXと、S&Pダウ・ジョーンズ・インデックス社が算出しているS&P500の長期推移を見てみましょう（次ページ参照）。

株価は上昇し続けるなど、一方方向に動き続けることはなく、基本的には上下に波を打って動きます。

（注7）日経平均株価
東京証券取引所、いわゆる東証の1部に上場する銘柄の中から選定された225銘柄の株価を使って算出する株価の平均値を表す指数。日本経済新聞社が算出しており、日経平均ともいわれる。

TOPIXとS&P500の長期推移

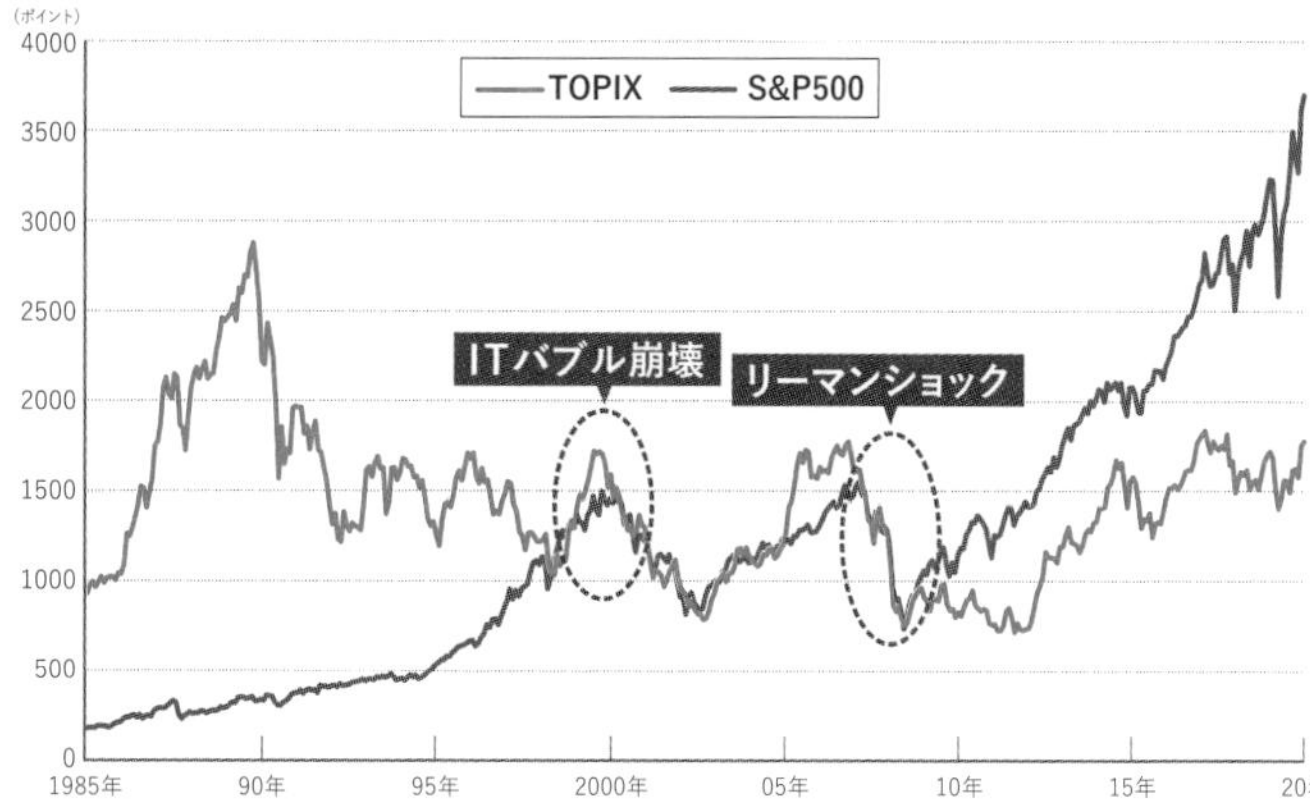

(出所):各種資料より著者作成。

1985年から35年間の推移を見てみると、2000年のITバブル崩壊や2008年のリーマンショックなど、時には大きく下落する瞬間もあります。

しかし、米国の株価指数はトレンドとしては右肩上がりであるといえますが、日本はこの数年間は上昇傾向にあるものの、一定の範囲内で上下しながら横ばいで推移しています。

この日米両国の株価指数の推移を見ると、**下がる時もあるけれどずっと投資を続けていれば儲かる**と思える米国人と、**投資は儲かることもあれば大きく損する可能性もあるので貯金しているほうが安心**と思う日本人の違いに説明がつくと思うのです。

1sho 05

投資はギャンブルって聞いたけれど

●投資はギャンブル？

金融教育の講演が終わった後、これから投資を始めようか悩んでいる方と話をする機会が多くあります。

老後資金など将来に金銭面での不安があるものの、どうしても投資の世界に踏み出せないというのです。その理由を聞いてみると、多くの人が投資に対して「ギャンブル」や「危険」というイメージを持っているからだといいます。

先にも書きましたが、日本では確かに投資に対してネガティブな印象を持つ人が多くいます。日本証券業協会が発表した「証券投資に関する全国調査（平成30年12月）」では、株式、投資信託、債券それぞれについて投資をしない理由を聞いたところ、全ての金融商品において「ギャンブルのようなもの」という理由が全体の3位となっています。また、保有資産が預貯金のみで投資をしていない人に投資のイメージを質問すると、34・5％もの人が「投資はギャンブルのようなもの」と回答しています。

●ギャンブルって何？

そもそも、ギャンブルの定義とは何なのでしょうか？

投資はギャンブルだから怖いという人たちにギャンブルの定義を聞いてみたところ、**「得をするか損をするか不明確なもの」**という答えが返ってきます。いってみれば投資に対して丁半博打のようなイメージを持っているのでしょう。

仮にこの答えをギャンブルの定義とするなら、投資はギャンブルであるといえます。いくら投資の勉強をして知識を増やしたり、投資対象について細かく調査をしたりしても、必ず投資で儲かるとは断言できないですし、投資は元本（元手となるお金）が保証されているわけではなく、うまくいけば投資資産は増えますが、当然減ることもあるからです。しかし、本当にそれをギャンブルの定義としてしまっていいのでしょうか？

そもそもギャンブルとは何でしょう？　競馬、競艇、競輪などのことを指すのでしょうか？　それともパチンコやスロットでしょうか？　**宝くじ**（注8）やサッカーくじもギャンブルといわれていますね。それでは、ここでクイズです。

問題

宝くじの払戻率は何割ぐらいでしょうか？

1 約4割
2 約6割
3 約8割

ちなみに、競馬や競艇、競輪の払戻率は7割を超えています。「うん？　払戻率って何？」と思った方もいるかもしれませんね。

簡単にいうと、Aが勝つか、Bが勝つかという賭けをした時に、100万円集まったうちの30万円を運営費として徴収し、残りの70万円を賞金にする場合、払戻率は70％ということになります。

（注8）**宝くじ**
宝くじの法律「当せん金付証票法」に定められた全国都道府県と20指定都市である地方自治体が発売でき、その事務は銀行等に委託されている。日本の宝くじ人口（最近1年間購入者、2016年）は5000万人で日本の人口の約4割となっている。

では、クイズの答えはどうでしょうか？

なんと宝くじの払戻率は①の約4割なのです。「競馬よりも低いなんて……！」と驚いた人もいるかもしれませんし、もう宝くじは買わないと思った人もいるかもしれません。こういうギャンブルは**マイナスサムゲーム**といって、運営をする胴元だけは儲かり続け、ギャンブル参加者は不利な条件の中で遊戯をしているわけです。

ちなみに、AさんとBさんが100円ずつ出して、じゃんけんに勝ったほうが200円をもらう場合は、**ゼロサムゲーム**といいます。

●投資とギャンブルは似通う部分が多い？

それでは投資はマイナスサムゲームなのでしょうか？

それともゼロサムゲームなのでしょうか？

投資と一言でいっても様々な種類がありますので、ここでは株式投資について考えてみましょう。

株式投資の場合、投資先の企業の業績が伸び続け、それに応じて株価も上昇し続ければ、理論上は投資家全員が儲かる可能性があります。

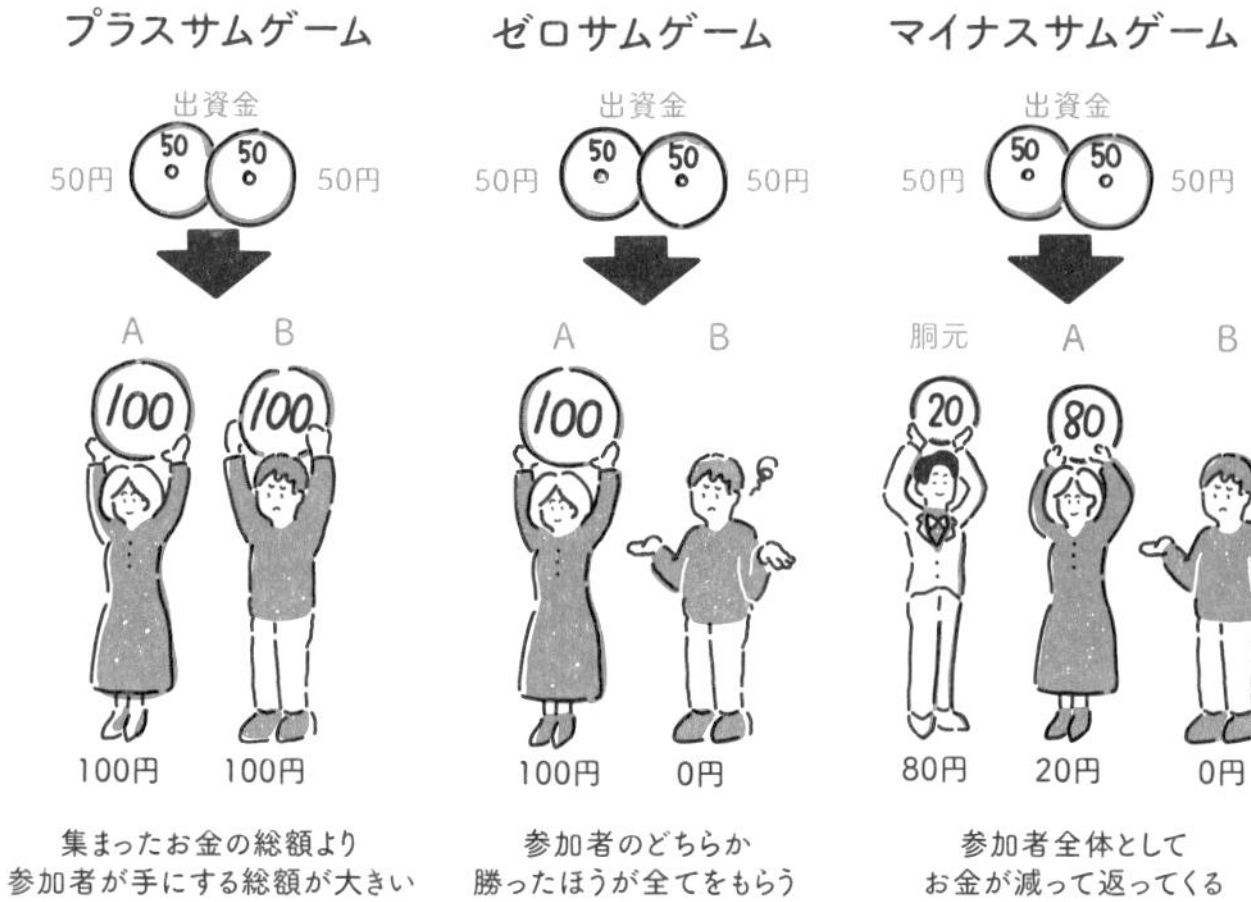

もちろん、売買のタイミングなどによっては損失が発生することもありますが、ギャンブルのようにやる前からマイナスサムゲームであるとは言い切れません。このように参加者が持ち寄った総額よりも、払い戻される総額が大きいゲームは**プラスサムゲーム**といいます。

ギャンブルというと、のめり込んでしまい自分だけでなく家庭までもボロボロにしてしまうという印象があり、非常に悪いイメージを持っているかもしれませんが、投資もギャンブルも必要とされる素養は同じだと思います。

たとえば、先程ギャンブルの例として挙

げた競馬は、どの馬に賭けるかについて、これまでのレースの実績やその馬の両親や祖父母の血統、コースとの相性や天候別の成績など、非常に多くのデータをもとに分析するため、データ解析力が非常に重要になります。また、最初のレースからずっと外れていると、終盤で一発逆転を狙いにいく人が増えるそうですが、いかに冷静にいられるかというようなメンタル管理も重要となってきます。

これらは、全て投資でも重要になってくることです。実際、投資が上手な人はギャンブルも好きということは多く、やはりギャンブルと投資には似通う部分があるのかもしれません。

少し話が脱線してしまいました。ギャンブルをどう定義するかにもよりますが、損をする可能性がある行為をギャンブルとするならば、投資もまたギャンブルといわざるを得ません。しかし、**投資はゼロかイチかというものではなく、減る時もあるけれど、過度に怖がったり、避けたりするものでもありません。しっかりと戦略を立てたうえで、なるべくリスクを抑える投資手法を心がければ、**

COLUMN

預金のしくみどっちが正しい？

外生的貨幣供給理論

本章の「お金を預けることと借りること」でも触れましたが、このコラムでは預金のしくみについてもう一歩踏み込んで書いておきたいと思います。いままで一般的とされていた考え方と、全く違う考え方の2つを紹介しますので、もしかすると歳を重ねている人ほど理解に苦しむかもしれません。

逆にいえば固定概念にとらわれていない子どもほどすんなりと理解できるかもしれない話なので、先入観や固定概念を捨てて真っ白な状態で読んでみてください。

一般的に貨幣といえば硬貨や紙幣を指しますが、実は預金も含まれます。銀行がない世界では、AさんはBさんに硬貨や紙幣を手渡ししなくてはいけませんが、銀行がある現実世界においては、Aさんの口座からBさんの口座にお金を振り込むこともできます。

さて、ここで預金はどのように発生するのかを考えてみましょう。まずはこれまで一般的とされていた考え方を書きます。ちなみに、私もこのように習いました。

まず、Aさんが10万円を銀行の支店に持ち込みます。この時点で銀行に10万円の預金が発生します。銀行はボランティア団体ではなく営利企業ですから、ただ預かっているだけではビジネスになりません。

そこで、銀行はこの預金を企業や人に貸し出して、返済のタイミングで利息を得ることで儲けます。とはいえ、Aさんから預かった10万円を全額貸し出してしまうとAさんが急に引き出そうとした時に困ってしまうので、1万円だけ残しておいて、残りの9万円を貸し出したとしましょう。

その時、ちょうどBさんが9万円を借りに銀行にきたので、Bさんに9万円を貸したとします。ここでBさんが借りた9万円を銀行口座に振り込んだ（記録した）とすると、銀行にはAさんの10万円の預金とBさんの9万円の預金が発生し、なぜか預金の合計が19万円になります。このような事象を「**信用創造**」といいます。英語だと**Money Creation**といいますので、ようは貨幣創造ですね。まるで錬金術のようです。

この時Aさんの10万円を「本源的預金」、Bさんの9万円を「派生的預金」という言葉で区別することがあります。

このように、外から持ち込まれたお金や、それが貸し出しに回って預金になることを**「外生的貨幣供給理論」**といいます。

●内生的貨幣供給理論

しかし、この「外生的貨幣供給理論」は実際に銀行の実務をやっている方からすれば、いまいち受け入れづらい説明なのではないでしょうか？

たとえば、先の例のようにBさんが9万円を借りたいと銀行に申し出たとしましょう。Bさんに返済能力が十分にあると銀行が判断すれば、Bさんの口座に9万円の預金データを記録すればいいだけです。必ずしもAさんから融資の原資となる10万円が振り込まれるのを待つ必要はありません。

つまり、銀行の実務的な観点からすれば、わざわざ外から原資となる現金の持ち込みを待つまでもなく、ただ貸す相手の口座に預金データを記録すればいいということです。この考え方を**「内生的貨幣供給理論」**といいます。

不思議かもしれませんが、**何もないところから銀行は預金を生み出すことができる**のです。これを万年筆で帳簿に記録を書き込んでいた過去の実務から名前を取って**「万年筆マネー」**と呼ぶこともあります。

とはいえ、銀行が無計画に預金を作り続けるということはありません。預金をした人がATMから現金を引き出すなど、銀行口座から現金を払い出さないといけない要求があった場合はその要求に応える義務があるため、ある程度の資本は持っておく必要がありますし、貸したお金が返ってこないと困りますから、返済能力のある人にのみ貸し出すようにしなくてはいけません。

前者が私もかつて学校などで習っていた内容で、後者は私が大人になってから学んだ内容です。このように、お金にまつわる話も変化し続けているのです。

2章

お金を稼ぐことについて教えて

2sho 01

働くとお金が手に入るのはなぜ？

●給料について考えてみよう

この本を読んでいる方が学生であれば、アルバイトをして給料をもらっているかもしれません。社会人であれば職場で仕事をして給料をもらっていることでしょう。

みなさんは、仕事をしているのだから、働いたら契約通り給料をもらうのは当たり前だと思うでしょうし、特にそのやり取りについて疑問に思うこともないかもしれません。

しかし、このように当たり前だと思っているお金のやり取りについて、改めて考えてみることで、お金の教養が身につきます。

話を簡単にするために、非常にシンプルな例を挙げて考えていきましょう。

いま、あなたが働いている会社が社長とあなたの2人だけの小さな会社であるとします。その会社が1か月のうちに50万円の商品を1個売り上げました。そして、あなたはこの会社から毎月10万円の給料をもらっているとすると、会社には差額の40万円が残ることになります。

しかし、実際には社長も給料をもらいますし、会社はオフィスの家賃や水道光熱費も払わないといけません。また、50万円で売った商品を作るのにかかった費用（原材料費など）も払う必要があります。仮に社長の給料は20万円、諸々の費用が20万円だとすると、会社には1円も残りません。

こうなってしまうと、会社は新しい事業を始めるための設備投資をしたり、新たに人を雇ったりすることもできません。また、次の項目でお話しますが、これだと会社のオーナーである株主にもメリットがありません。

それでは、どうすればいいのでしょうか？

答えは簡単で、全ての費用を払っても、会社にお金が残るようにしていけばいいのです。たとえば、社長の給料が20万円、社員の給料は10万円だとすると、諸々の費用を10万円にすれば、10万円が会社に残ります。

または、どうしても諸々の費用が20万円から下がらないのであれば、社長や社員の給料を下げることで会社にお金を残すことができます。

●労働者からお金を搾り取るのがお金持ち

仕事をしてお金をもらう時、労働者はその金額は仕事量や成果に対する対価であると考えます。つまり仕事の成果と同じ価値の金額をもらっていると考えるでしょう。

多くの人が当然だと思っていることは、あくまで労働者目線での考え方です。これを株主目線で考えるとまた違った見方になります。

一般的には株主は資本家とよばれるお金持ちであることが多く、彼らは自分たちの会社で労働者に賃金以上に働いてもらいながらお金を稼ぐというしくみを持っています。

つまり、**労働は資本家、労働者それぞれの目線から見ると印象が変わる**のです。

それでは、ここでクイズです。ちょっと難しいかもしれませんが、お金の話をする上で欠かせない本に関する知識についてです。ただこれは社会人であれば誰もが社会や歴史の授業で習っている知識でもあります。

問題

資本家と労働者の格差の拡大に着目し、資本主義のしくみを批判的に分析した本と作者の組み合わせはどれでしょう?

1 マルクス『資本論』
2 アダム・スミス『国富論』
3 ケインズ『雇用・利子および貨幣の一般理論』

マルクスはドイツ出身の哲学者で、エンゲルスとの共著で『共産党宣言』という本も書いています。アダム・スミスの『国富論』は『諸国民の富』というタイトルで呼ばれることもあります。この本の中に出てくる「(神の)見えざる手(注9)」という言葉はあまりにも有名です。ケインズについては、「穴を掘ってまた埋める」というような公共投資でも不況を乗り切るには有効だといったことでも知られています。

さて、答えは頭に浮かんでいるでしょうか? クイズの答えは①です。マルクスの『資本論』について解説を始めるとそれだけで1冊が終わってしまいますので、簡単にポイントをまとめましょう。

(注9)
(神の)見えざる手
『国富論』の中にある、「個人が自分の利益のみを追求して動いたとしても、それが多く集まれば、社会全体の利益になる」という一節に使われた言葉。それが転じていまでは「神の見えざる手」が経済全体を動かしているという意味で使われるようになっている。

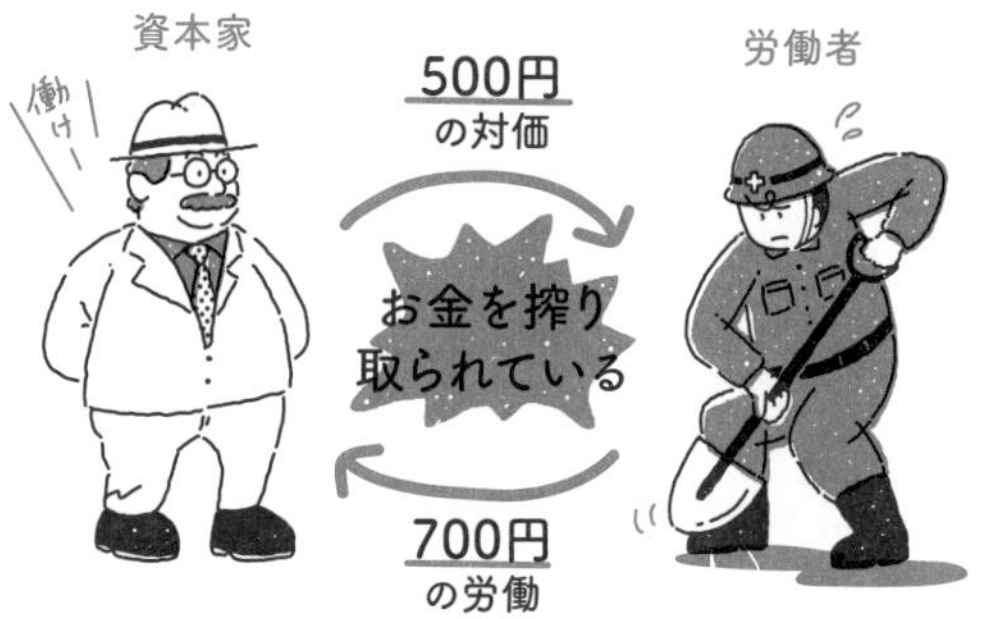

資本家に回らないと豊かになれない!?

マルクスは資本家は賃金（給料）と引き換えに、労働者から労働力をもらうが、実際には資本家は労働者を賃金以上に働かせて「剰余価値」を生み出し「搾取」をしているというのです。少し難しい言い方をしてしまったので、簡単な例で説明してみます。

たとえば、労働者が1時間で500円分の仕事をしたとしましょう。その時、資本家が給料として500円を払ってしまうと、資本家の手元には何も残りません。

そこで、資本家は労働者に700円分働かせて、500円を渡すことで200円を利益として手元に残そうとします。つまり、搾取をしているというわけです。

こう聞くと何かずるいように聞こえてしまいますが、マルクスは、**弱肉強食の資本主義社会においては、資本家側に回らないと豊かになれず、労働者はずっと資本家にお金を搾り取られ続ける**ということをいっているのです。

どの立場になりたいかを考えよう

話が少し広がりすぎました。ここでの本題は「働くとお金が手に入るのはなぜ？」でしたね。

その答えはもうおわかりでしょう。そう、「労働力を提供しているから」です。ただ、資本主義社会においては、賃金以上に働かされており、労働者が実際に生み出した価値の一部は資本家に搾取されてしまっているということでした。

ここまで読んでみると、労働者側に回ることが馬鹿らしくなってしまいましたか？しかし、資本家になるためにはそれなりのお金がないと無理そうですね。

ただ、そこまでお金がなくても資本家側に回ることはできます。その方法とは投資を活用することですが、それは１２２ページ以降で詳しく紹介していきたいと思います。

2sho 02

会社って何だろう？

●先生、僕は起業します！

ある時、私が経済を教えている大学生から連絡がきました。

彼が「先生、僕は会社を作って起業します！」というので、どんな分野で起業をするのか聞きました。まじめな学生なので、起業をするにいたった理由や目的などをしっかりと説明できていたため、追加で少し意地悪な質問をしてみました。

「アイデアはいいと思うけど、起業してから数年間の事業計画はできているの？」

私は国内外で会社を作ったこともありますし、複数の会社の経営にもかかわっていますので、彼が本当に起業するのであれば、これぐらいは考えておく必要があると思ったのです。

すると、意外にも彼はニヤニヤしながらパソコンを開き、エクセルで作った**事業計画書**(注10)を見せてくれました。

最近の大学生はこんなことまでできるのか！　完敗です。

私は彼の情熱と細かなところまで考えられた計画に感心し一通りの誉め言葉を贈った後、ふと気になったことを質問してみました。

「この計画だと、けっこうなお金が必要になってくるけど、このお金はどうやって用意するの？」

すると、彼は表情を変えずに「銀行から借りるつもりです」といいました。細部まで抜かりなく計算ができる彼にも、まだ甘い部分があったようです。

みなさんも考えてみてください。はたして「何も実績もない会社に、銀行が多額のお金を融資してくれるでしょうか？」。そんなに世の中は甘くはありませんよね？

銀行だって仕事として融資をしているのであって、ボランティア活動をしているわけではありません。当然、お金を返せる見込みがなさそうな企業には貸しませんし、貸したとしても実績がなければ少額にとどまるでしょう。

では、銀行から借りる以外にお金は用意できないのでしょうか？

(注10) **事業計画書**
会社がこれからどのようなことでお金を得ていこうとするのかの計画が書かれたもの。会社を新しく始める時や、新たな事業を始めようとする時などに、資金を借りる金融機関や投資家などに提出することが多い。

●株式会社の成り立ち

会社にはいくつかの種類がありますが、そのうちの1つに「株式会社」があります。どれだけ意味を詳しく理解しているかは人によると思いますが、一番耳にしたことのある会社の種類ではないでしょうか？

前述の通り、できたばかりの会社は何も実績がないわけですから、すぐに銀行から十分なお金を借りられるとは限りません。そこで、株式会社は自社の株式と引き換えに、投資家からお金を集めるのです。この場合、手に入れたお金は返す必要はありません。なぜだかわかりますか？　それは、**お金と株式を交換している**からです。

この話をすると、「なんの価値もない株式を渡すだけでお金がもらえるんですか？だったら銀行から借りるのがバカバカしい」というリアクションをする学生も多いのですが、株式を渡すことは非常に恐ろしいことでもあります。

たとえば、あなたが社長で、自分の持っている大半の株式と引き換えにお金を手に入れたとしましょう。あなたはそのお金をもとに事業を始め、数年後に大成功します。そして、「日本ではある程度の成功をおさめたから、次は世界進出だ！」と思っている時に、急に株主から「会社を出て行け」といわれたとしたら……。あなたは、どんなに「納得がいかない」と怒ってみても、会社を出ていかざるを得ません。

株式会社は株主が保有しています。株主は言い換えればオーナーです。株式の大半を奪われてしまっているあなたは、所詮は雇われ社長でしかないのです。

「せっかく寝食を忘れて必死に頑張ってきたのに、なぜ俺が……」

極端な例を出しましたが、これが株式会社の**株式を利用してお金を集めること（エクイティファイナンス）の魅力と怖さ**になります。それでは、ここでクイズです。

問題

最初に株式を使って資金調達が行われたのはいつの時代でしょうか？

1 1600年代
2 1800年代
3 1900年代

ちなみに、この話は中学校や高校の社会の授業でも習っていると思うので、しっかり

リスク
出資
しませんかー
リターン
航海が失敗に終わり
船が戻ってこないと
出資金がパーに
東インド会社
無事に戻ってきたら
株式の出資比率に
応じた利益を配分

と勉強している人には簡単かもしれませんね？

では、さっそくクイズの答えを確認しましょう。正解は①の1600年代です。随分と長い歴史があるものですね。1600年代は17世紀ですが、17世紀といえば大航海時代の後半にあたります。

当時はオランダやイギリスなどのヨーロッパ列強が航海しながら植民地を拡大していった時代です。航海に成功してアジアにたどり着き、そこで香辛料を持って帰ってくれれば、巨額の富を得ることができました。

しかし、船を造るのには大金が必要であ

り、しかも船ができたからといっても、無事にアジアにたどり着けずに、航海の間に嵐や高波によって船自体が壊れて沈没してしまうことも少なくありませんでした。

そこで、船を造るための資金を多くの投資家から小口で募り、代わりに出資比率に応じて株式を渡し、無事に香辛料を持って帰ってきたら、そこで得た富を株式の保有比率に応じて配分するというしくみを作ったのです。

これが株式会社の元祖「**東インド会社**(注11)」なのです。

時にはマネーゲームにもなる

詐欺師がよく使う手法は「預かったお金(元本)は保証されていて、絶対に儲かる」という話をして近寄ってくることですが、そんなものがあるわけありません。世の中はノーリスク・ノーリターンです。そして、期待できるリターンが高くなればなるほど、同時にリスクも高くなっていきます。

起業家は、会社の支配権を奪われるかもしれないリスクを取りながら株式を投資家に渡す一方で、返さなくていいお金を手に入れます。それでは投資家にとってのリスクとリターンは何でしょうか?

(注11)
東インド会社
東インド会社は、イギリス、オランダ、デンマーク、フランス、ポルトガルなど様々にある。その中でも株式会社の元祖といわれるのがオランダ東インド会社で、鎖国下の日本で独占貿易を行ったのもオランダだった。

リスクはわかりますね。その起業家が事業に失敗すれば、お金と引き換えにもらった株式は紙くずになってしまいます。それではリターンはなんでしょうか？

事業が成功した場合は利益の一部を配当としてもらうことができる。これがまさに東インド会社の時と同じ構造なのです。しかし、いまは他の儲け方が主流になっています。その儲け方とは、その会社が成長し続け、最終的には多くの会社の株式が取引されている株式市場に上場することです。それまでは、一部の投資家の間で有名だった有望な企業の株式もいったん上場すると、誰もがその株式を買えるようになるため、多くの場合、株価が一気に上昇します。つまり、最初の時点で安い値段で買っていた投資家は、そこで株式を売り払うことで、巨額の富（利益）を手にできるわけです。

これはとても夢のある話ではありますが、最近はこれがややマネーゲームと化しています。というのも、キラキラの学歴と職歴を持った若い社長が起こした**ベンチャー企業**(注12)が上場する前から何百億円という評価をされているのを多く見かけるようになったからです。もちろん全てがそうだとはいいませんが、実際には実体と評価が大きく乖離しているベンチャー企業も増えています。ゆえにマネーゲーム化してしまっていると感じるわけです。

(注12)
ベンチャー企業
新しいアイデアや技術、ビジネスモデルを武器として会社を興し、事業を展開する会社のこと。ベンチャー企業にお金を出資する投資会社をベンチャーキャピタル（VC）といい、彼らは投資先会社が成長したり、上場した時に株を売却し利益を得る。

2sho 03

格差って何だろう？

海外で目にする貧富の格差

私がインドネシアの首都ジャカルタに駐在していた時、日本では見ることがないような貧富の差を目にしました。

ある日、**華僑**(注13)の知人の自宅に招かれたのですが、その自宅の豪華さに心底驚いたのをいまでも覚えています。資産家だとは聞いていましたが、きれいな大理石の床の上には、いかにも高級な家具、1部屋の広さも天井の高さも桁違い。知人の彼はインドネシアで生まれ育ったのですが、米国の大学を出て、インドネシア語はもちろん、中国語も英語も流暢に話すグローバルエリートでした。

(注13) 華僑
外国に在住している中国人とその子孫のこと。中華人民共和国の中国共産党政府の定義では、「中国大陸・台湾・香港・マカオ以外の国家・地域に移住しながらも、中国の国籍を持つ漢民族」を指す呼称とされている。

一方で、そこから徒歩20分ほどの場所にある私の通っていたオフィスや住んでいたアパートの周辺はというと、大通りにはきれいな高層ビルが立ち並んでいるものの、1つ路地裏に入ってしまえば風景は一変。道路は舗装されておらず、道端にはゴミが散乱していて、建っている家もバラック小屋ばかりでした。

一番驚いたのは、35度以上の炎天下において、まだ生後数か月の赤ん坊を抱いた母親が自分の前に空き缶を置いたまま、ずっと座っていたことでした。通勤時も退勤時も同じ場所にずっといたのです。大人でも炎天下で何時間も座っていたら体調を崩すのに、赤ん坊が大丈夫なのだろうかと心配になったのをいまでも忘れません。

●先進国日本にある格差とは?

これから成長しようとしている発展途上国、とりわけ二十数年前のアジアではこのような光景を目にすることは珍しくはありませんでした。

では日本のような先進国には格差がないかというと、そうではありませんよね? 日本で格差の話になるとよく出てくるのが、正規雇用と非正規雇用だと思います。

日本ではいま、全労働者の約4割の人が非正規雇用で働いていますが、私の知人にも何人も**非正規雇用**(注14)の人はいます。

その知人から聞いた話でショックだったことは、何年も付き合っている彼女と結婚をしたいが、なかなかプロポーズができないという話でした。

詳しく理由を聞いてみると、やはり非正規雇用は不安定な立場なので、相手の両親が結婚を反対しそうだということと、彼女が結婚をしたら子どもが欲しいといっているものの、いまの自分の年収では2人で暮らしていくだけでも精一杯だから、ということでした。どちらの話もお金が絡んできています。ここでクイズです。

問題

非正規雇用の平均給与は正規雇用の平均給与の何割ぐらいでしょうか?

1 正規雇用の約8割
2 正規雇用の約6割
3 正規雇用の約4割

ちなみに、国税庁が発表した「民間給与実態統計調査結果」で、2018年時点における平均給与を男性と女性で分けてみると、**男性が545.0万円、女性が293.1万**

(注14)非正規雇用
正しくは非正規雇用労働者。厚生労働省の定義によると勤め先での呼称が「パート」「アルバイト」「労働者派遣事業所の派遣社員」「契約社員」「嘱託」「その他」である者で、その数は2019年平均で2165万人とされている。

平均給与の推移

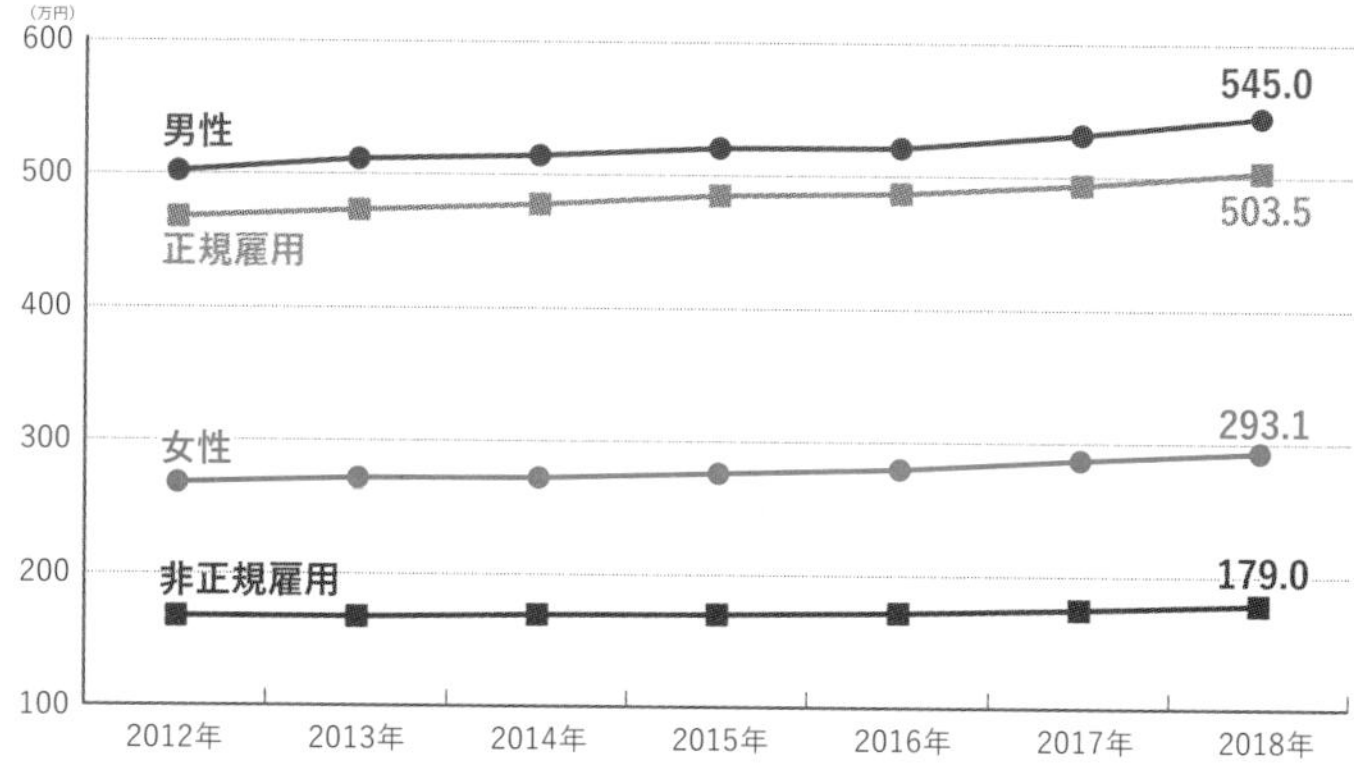

（注）　1年以上の勤続者が対象。
（出所）総務省「労働力調査」、国税庁「民間給与実態統計調査結果」のデータをもとに株式会社マネネが作成。

円となり、女性の平均給与は男性の半分ほどしかないことがわかります。

では、クイズの答えはどうでしょうか？　同じく国税庁が発表した「民間給与実態統計調査結果」によれば、２０１８年時点における正規雇用の平均給与は５０３・５万円で、非正規雇用の平均給与は１７９・０万円ですから、非正規雇用の平均給与は正規雇用の平均給与の約４割（35・6％）にすぎません。つまり、正解は③ということになります。これまで確認してきた数字をグラフにしてみると、**正規雇用と非正規雇用、男性と女性の間には大きな壁が未だにある**ことがわかると思います。

●同一労働同一賃金って何？

このような格差をなくすため、日本でも働き方改革の一環で2020年4月から「**同一労働同一賃金**」という取り組みが大企業を中心に始まりました。

これは同じ仕事をするのであれば、雇用形態が正規か非正規かどうかは関係なく、同じ賃金が支払われるべきというだけでなく、正社員だけに与えられた手当や制度も公平にしましょうということです。

同じ仕事をしていれば、同じ待遇を受けるべきというのは当たり前のように感じるかもしれませんが、実際には「同一労働同一賃金」が実現するのは相当ハードルが高いと思われます。

2020年10月に非正規労働者たちが「同一労働同一賃金」を求める裁判（大阪医科薬科大学事件、メトロコマース事件）で逆転敗訴しました。

訴え出た原告側の非正規労働者たちは、正社員と同じ仕事をしているのに賞与（大阪医科約化大学事件）や退職金（メトロコマース事件）がないのはおかしいと主張しましたが、最高裁はいずれも「不合理である（筋が通らない）とまで評価することができるものとはいえない」と判断したのです。

ではどうして日本ではこういうことが起こるのでしょう？

私は日本企業、外資系企業、外国企業それぞれで働いた経験がありますが、**日本と海外で明らかに違うのは仕事内容の指定が明確かどうかということ**。そこに問題があるのだと私は思います。

日本企業は新卒で人を採用し、定期的に部署や職場を転々とさせて仕事を覚えさせていきます。それは海外でも似たようなところはありますが、日本企業の場合、転職してきた中途入社の人も転々と配置転換することがあります。一方で、海外の場合はジョブディスクリプションといって、「あなたはこれをやってもらうために雇います」ということが明確になっています。たとえば私が日本企業で働いていた時は、モノをいかに売るかといったマーケティングの戦略を練る時もあれば、事業開発の仕事をすることもありましたし、新規事業の立ち上げの際は契約書の管理やウェブサイトのデザインの作成など、会社の一員として上司から依頼されたことには全て対応していました。

しかし、外資系企業で働いていた時は、転職活動の際に応募した職種以外の仕事は一

日本の企業
外資系企業
マーケティングの仕事をお願い！
任せてください！
マーケティング
営業
制作
あれもこれもやらねば…
任せる仕事に対しての対価が明確

切しませんでした。マーケティングの専門家として入社したら、事業開発やウェブサイトのデザインなど、その他の仕事は依頼されません。つまり、仕事の内容とそれに対する対価が海外では明確なのです。

とはいえ、新卒一括採用、年功序列、終身雇用といった日本企業の文化が徐々に消失していっていることを考えると、日本も近い将来、外国企業に似たような制度になっていくのだと思います。ちなみに、私は決して日本の企業文化や経営方針がダメだといっているのではなく、あくまで日本と海外の違いを指摘しているだけであることは強調しておきます。

2sho 04

働き方改革でお金は増えるの？

●働き方改革って何？

「働き方改革」という言葉をよく聞くようになりましたが、どんなことが「働き方改革」なのか？　みなさんは答えられますか？

旗振り役である厚生労働省は、次のように定義しています。

「働き方改革」は、働く方々が個々の事情に応じた多様で柔軟な働き方を自分で「選択」できるようにするための改革です。

いまいち、この文章だけだとわからないですよね。そこでまずは働き方改革の全体像

労働時間法制の見直し

① 残業時間の上限を規制

② 「勤務間インターバル」制度の導入を促進

③ 1人1年あたり5日間の年次有給休暇の取得を義務化

④ 月60時間を超える残業に対する割増賃金率の引き上げ

⑤ 労働時間の客観的把握の義務化

⑥ 「フレックスタイム制」の拡充

⑦ 「高度プロフェッショナル制度」を新設

について厚生労働省のいう2つのポイントに分けて説明したいと思います。

1つ目のポイントは**労働時間法制の見直し**です。日本人が働きすぎる傾向にあることはなんとなくみなさんが感じていることなのではないでしょうか。テレビでもたまに**過労死**(注15)のニュースが報じられています。労働時間法制とは、働きすぎを防ぐことで、労働者の健康を守り、多様な「ワークライフバランス」を実現しようとするものです。具体的には上表のような見直しをしようとしています。

2つ目のポイントは**雇用形態にかかわらない公正な待遇の確保**です。ちょっと難しい表現になってしまいましたが、すでに本章の「格差って何だろう?」を読んだみなさんはおわかりで

(注15) 過労死
働きすぎによる過労で死亡してしまうこと。認定の基準に過労死ラインがあり、法律上では、「発症前1か月間に100時間」もしくは「発症前2~6か月間平均で80時間」を超える時間外労働の場合、業務と発症との関係性を認定できるとされている。

しょう。同じ会社の中で、**正社員と非正規社員との間で、基本給や賞与などのあらゆる待遇について、不合理な待遇差を設けることが禁止される**ということです。「不合理」というのは筋の通らないことや、道理にかなっていないことをいいますが、何をもって不合理とするのかは経営者からすると判断が難しいですよね。そのため、厚生労働省のホームページでは全体に共通することの他に、スーパーマーケット業界編や自動車製造業界編など、業界別のガイドライン（指針）までがしっかり示されています。

●労働力を確保するために改革？

それでは、なぜ働き方改革が進められることとなったのでしょうか。この背景には日本が抱える問題があります。左の図は厚生労働省が発表している日本の人口の推移のグラフです。日本では人口減少、**少子高齢化**（注16）が進んでおり、２０６５年には総人口が1億人どころか９０００万人を割り込み、そのうち65歳以上が人口に占める割合を表す高齢化率は38％台になると予想されているのです。

一方で、65歳以下の現役として働く世代の労働力は全人口の5割まで減少していきます。この状態に対応すべく国では４つの施策が考えられています。

（注16）**少子高齢化**
少子高齢化の進展でよく持ち出されるのが現役世代（15～64歳人口）が高齢者（65歳以上人口）1人を何人で支えなければいけないかという数字。これを見ると１９５０年では約12人で支えていたものが、２０６５年にはほぼ１人（１・３人）で支えなければいけなくなるとされている。

日本の人口の推移

○日本の人口は近年減少局面を迎えている。2065年には総人口が9,000万人を割り込み、高齢化率は38%台の水準になると推計されている。

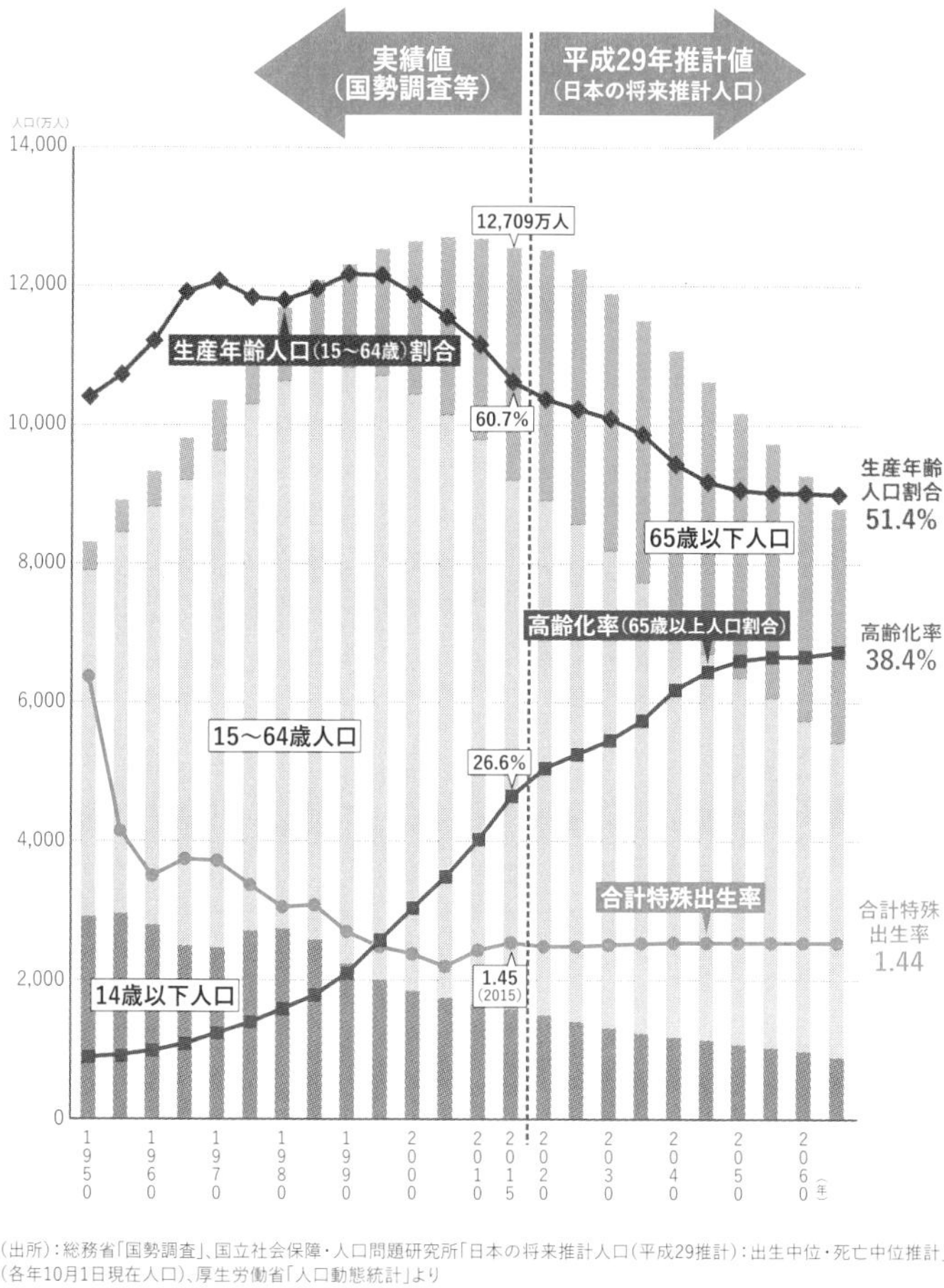

（出所）：総務省「国勢調査」、国立社会保障・人口問題研究所「日本の将来推計人口（平成29推計）：出生中位・死亡中位推計」（各年10月1日現在人口）、厚生労働省「人口動態統計」より

それは**①高齢者の登用、②女性の労働市場への参加、③外国人労働力の活用、④ＩＴやＡＩを駆使**の4つです。このうち①と②を実現するためには、働き方改革を進めていかなくてはいけないということです。先程、女性の労働市場への参加が重要だと書きましたが、女性が働くうえで障害になるのが出産・育児による一時的なキャリアの断絶やスムーズな職場復帰、家事・育児との両立です。私も妻と共働きで、かつ子どもも3人いますので、女性の大変さを目の前で見ています。それでは、ここでクイズです。

問題

日本では出産・育児を理由に退職している女性は何割いるでしょうか？

1 約3割
2 約5割
3 約7割

ちなみに、女性とともに重要だとされる高齢者の登用についてですが、日本では65歳を超えても働きたいと回答した人が約7割もいます。ただし、正社員としてではなく、パートタイムとして働きたいという人が最も多くなっています。

第1子出産年別に見た、第1子出産前後の妻の就業変化

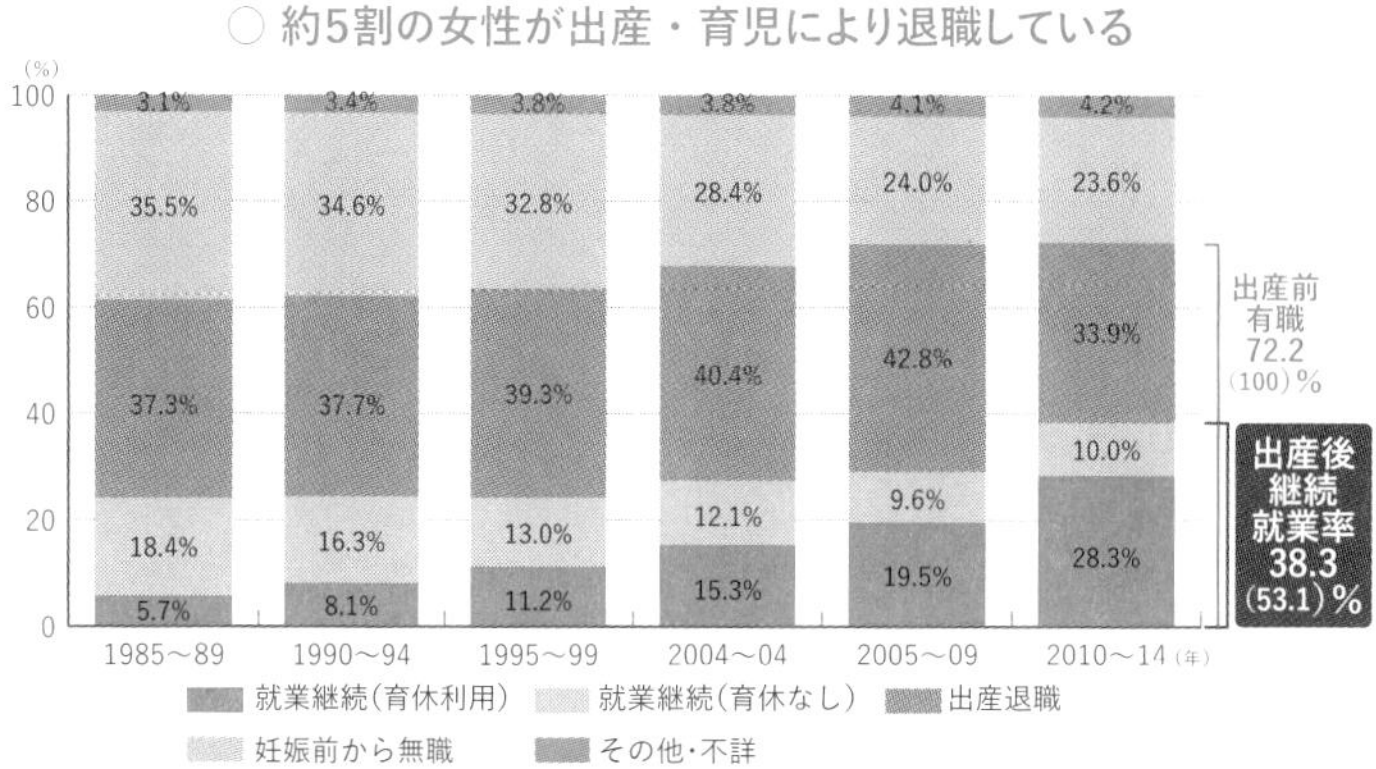

（注）：カッコ内は出産前有職者を100として、出産後の継続就業者の割合を算出。
（出所）：国立社会保障・人口問題研究所「第15回出生動向基本調査（夫婦調査）」より。

さて、クイズの答えはどうでしょうか？

正解は②の約5割です。約5割という数字を見てどう思いましたか？

私は非常に驚きました。なぜなら、女性の社会進出という言葉を耳にするようになってから長い時間が経過し、男性の育休取得や、企業内での託児所が増えているなどの前向きなニュースが増えている印象があったのに、実際には未だに半分近い女性が出産を機に仕事を辞めているからです。

女性に積極的に労働市場に参加してもらうためには、やはり働きやすい環境を整備しなくてはいけません。そして、この整備こそが少子化対策にもつながると信じます。

2sho 05

収入に応じて払う税金が変わるのはなぜ？

●累進課税制度って何？

小学生のころ、「一流のプロ野球選手になると1億円ももらえていいなぁ」という話をしたところ、物知りの同級生が「税金で半分持っていかれるんだぜ？」といってきたことがありました。当時は何をいっているのかよくわかっていませんでしたが、中学生になった時に所得税の存在を知り、ようやく同級生がいっていたことを少し理解できました。とはいえ、いくら稼いでも税金で半分持っていかれてしまうなんてヒドいじゃないか、と絶望もしましたが、その考えも誤っていることに後々気づきました。

すでに社会人として働いている人はいうまでもなく理解していると思いますが、日本の所得税には累進課税制度が採用されており、国税庁のホームページでは以下のように説明されています。

所得税の税率は、**分離課税**（注17）に対するものなどを除くと、5％から45％の7段階に区分されています。

課税される所得金額（千円未満の端数金額を切り捨てた後の金額です）に対する所得税の金額は、次の速算表を使用すると簡単に求められます。

ようは所得の多い少ないによって、支払う税金の額が変わってくるのです。

たとえば、課税される（税金の対象となる）所得金額が100万円であれば、税率はいくらになるかというと……。最低の5％。つまり5万円が所得税となります。決して半分の50万円が持っていかれてしまうわけではないので、安心してください。

実際に所得税を計算してみるとどうなる？

では、具体的に所得税の税率を確認しましょう。85ページの表は国税庁のホームページに掲載されている表です。表の見方はそれほど難しくないと思います。所得が増える

（注17）分離課税
所得税には1年間その人が得た所得に対して課税する（総合課税）計算方式と、退職金や家の売却などで一時的に得た所得に対して個別に課税する（分離課税）計算方式がある。分離課税の対象となる所得には株式の売買や配当による所得も含まれる。

ほど、税率は高くなっています。それでは、ここでクイズです。

問題

課税される所得金額が400万円の場合、所得税はいくらになるでしょうか？

1 37万2500円
2 80万円
3 140万円

この表を見ると、4000万円以上所得があると最高税率の45％が適用されるので、当時同級生が「1億円プレイヤーは税金で半分持っていかれてしまう」といった意味がわかりますね。

さて、計算は終わりましたか？　もし暗算できたという人は、不正解かもしれません。正解は①の37万2500円です。

「400万円の税率は20％なんだから、正解は②の80万円だろ」と思ったのならそれは

所得税の税率

課税される所得金額	税率
1,000円 から 1,949,000円まで	5%
1,950,000円 から 3,299,000円まで	10%
3,300,000円 から 6,949,000円まで	20%
6,950,000円 から 8,999,000円まで	23%
9,000,000円 から 17,999,000円まで	33%
18,000,000円 から 39,999,000円まで	40%
40,000,000円 以上	45%

（出所）：国税庁HPより。

間違い。**日本の累進課税制度が「超過累進税率」方式を採用している**というところまでは理解していないということになります。

所得税は課税される所得全体に該当する税率をかけるのではなく、区分から超えた金額だけに対応した税率をかけるのです。とはいえ、段階的に計算していくので、その計算はちょっと面倒です。

年間に４００万円の所得がある人は以下のような計算をします。

・４００万円のうち、３３０万円を**超えた**70万円分↓税率20％
・３３０万円のうち、１９５万円を**超えた**１３５万円分↓税率10％

所得税の速算表

課税される所得金額	税率	控除額
1,000円 から 1,949,000円まで	5%	0円
1,950,000円 から 3,299,000円まで	10%	97,500円
3,300,000円 から 6,949,000円まで	20%	427,500円
6,950,000円 から 8,999,000円まで	23%	636,000円
9,000,000円 から 17,999,000円まで	33%	1,536,000円
18,000,000円 から 39,999,000円まで	40%	2,796,000円
40,000,000円 以上	45%	4,796,000円

（出所）：国税庁HPより。

・195万円全て→税率5％

よって、

（195万円×5％）＋（135万円×10％）＋（70万円×20％）＝37万2500円

どうでしょうか？

やっぱり面倒ですよね。ですから、実際には早見表というものを使います。

この表を使えば

（400万円×20％）－42万7500円＝37万2500円

と、すぐに算出できます。

●税金の真実

では、税金は何のために存在しているのでしょうか？

よく「税金のムダ遣いだ！」なんてことを耳にしますが、私などもせっかく稼いだのに、一部を税金として持っていかれてしまうのですから、有効活用してくれよと思うわけです。多くの人が税金は**社会保障**（注18）や公共サービスの運営費に充てられているというイメージを持っているかもしれません。しかし、それ以外にも税金には様々な機能があるのです。ここではそれを簡単に説明しましょう。

まず、1つは**富の再配分**です。先程も見たように、所得税は課税対象となる所得金額が増えれば増えるほど高くなります。つまり、稼いでいる人により多く税金を払ってもらおうということです。そうして集められた税金で行われる社会保障などは、全員が平等に受けられるわけですから、お金持ちが多く負担して、お金がない人の負担は軽くなり、富の再配分がなされるのです。

次に、**景気や物価上昇率を自動的に調整する**機能も持ちます。たとえば、景気が良くなり、人々の収入が増えてお金をバンバン使って消費するようになったとします。当然、

（注18）社会保障
年金、医療、介護、子ども・子育てなどの分野に分けられ、国の一般会計歳出の約1／3を占める国最大の支出項目。原則として社会保険料で費用を負担することを基本としているものの、保険料だけでは賄うことができず、足りない分は税金や国の借金のなどで補っている。

モノやサービスに対する需要が高まっていくので、供給が追いつかなければ物価はどんどん上昇していきます。そこで、所得が上がるほど所得税の税率を高くすることで、**可処分所得**(注19)を落としてモノやサービスが購入しにくい状態にし、景気の過熱を抑えるのです。逆に、景気が悪く所得が伸びない時は、税率も低いままですから、可処分所得はそれほど下がらないので、消費意欲を減退させることはありません。

このように、**累進課税制度は自動的に景気変動の波を安定化させる機能を持ちます。この仕組みをビルトイン・スタビライザーと呼びます。**ビルトインというのは「備え付け」という意味で、スタビライザーは「安定化装置」という意味です。こうやって考えると、非常によくできたしくみだということがわかりますね。

所得税とは関係ありませんが、税金にはそれ以外にも機能があります。たとえば、好ましくない行為を抑制するために税金を使うこともあります。喫煙が健康によくないということであれば、たばこに税金をかけたり、税率を引き上げたりして喫煙者を減らすことが可能です。また、輸入品に重い関税を設ければ、国内産業の保護をすることもできます。日本人の多くが税金は何かをするための財源だという認識しかありませんが、そうじゃないということも頭の中に入れておきましょう。

(注19) **可処分所得**
給料やボーナスなどの全ての所得から税金や社会保険料などの非消費支出を取り除いた残額で、自分が自由に使えるお金のことをいう。この可処分所得から生活費などの消費支出を除いたものが家計における黒字となる。

所得税の2つの機能

所得税の機能①「富の再分配」

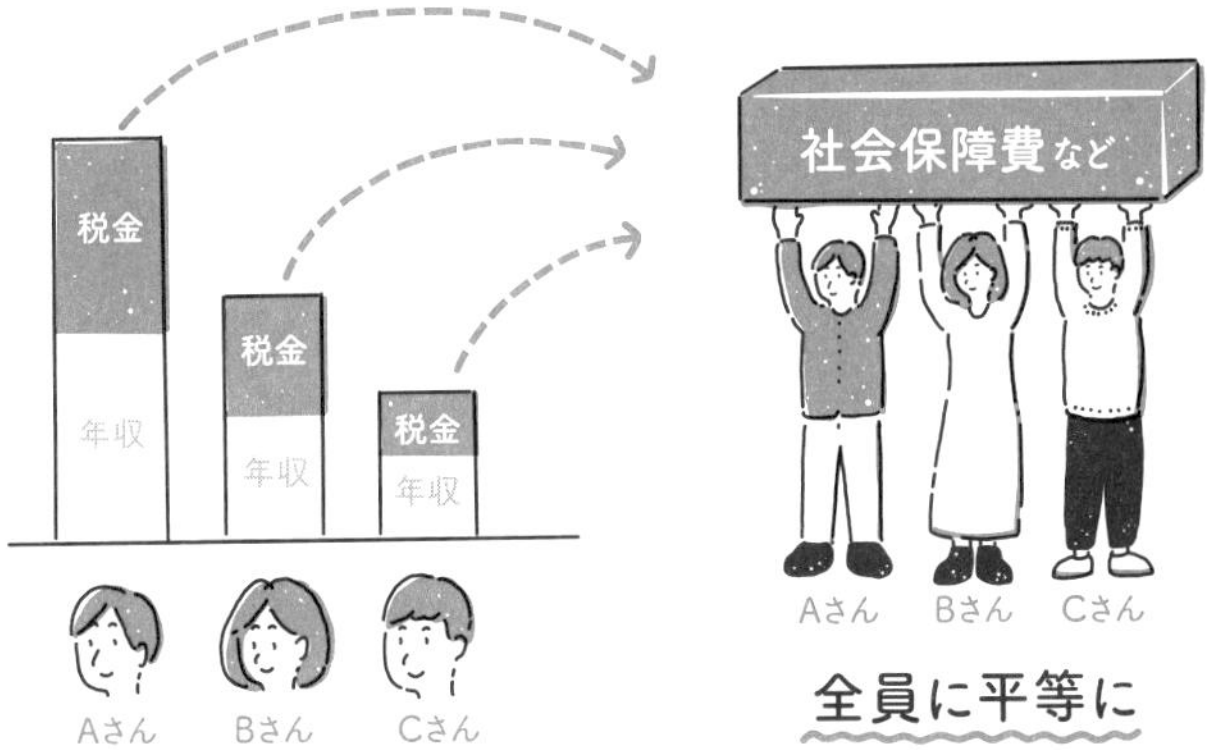

所得税の機能②「景気や物価を調整」

COLUMN

働き方改革で給料が下がる？

これって改革なの？

働き方改革と聞くと非常に素晴らしい話のように思えます。

しかし、現時点では、理想とはかけ離れた状態となっているように感じています。この働き方改革は大企業から積極的に進められているようですが、大企業で働く知人などに話を聞いてみると、むしろ労働環境が悪化しているケースもあるようなのです。

たとえば定時になると自動的にパソコンが使えなくなってしまうなど、強制的に退社せざるを得ない状況が作られてしまう。これだけ見れば良心的な会社に思えるかもしれませんが、実際には仕事が残っており、会社では作業ができないので自宅で作業したり、レンタルスペースやコワーキングスペースなど、会社以外の場所で作業をしているということなのです。

そうなってしまうと、**実際の労働時間は変わっていないものの、会社が把握する労働**

時間は減っているため、本来はもらえるはずの残業代が減り、結果として時給換算した時の給料は下がってしまいます。

また、新型コロナウイルスの感染拡大にともない、日本でも大企業を中心に在宅勤務（テレワーク）が普及しました。家で仕事できたほうがラクだと思う方もいるかもしれませんが、私はテレワークにもいくつか問題があると実感しました。たとえば、会議ごとの移動時間がなくなるため、会議は1時間ずつ朝から晩まで入ってしまいます。そして、全ての作業がオンラインで行われるため、早朝であっても深夜であっても仕事をしてしまうのです。こうなると、もはやワークライフバランスなどあったものではありません。

しかも、緊急事態宣言にともなって幼稚園や小学校が一時休園・休校となると、日中は子どもの相手をしないといけないので仕事にならず、結果的に子どもが寝てから仕事をすることになりました。

結果だけを重視してどのように実現するかという方法をよく考えなかったため、政策実施前のほうがまだマシだったというのは、日本の政策でよく見られることです。

東京一極集中の解消や中小企業の労働生産性の向上など、働き方改革以外にも様々な目標が掲げられていますが、いずれも結果だけを重視すると私たち国民にかなりのしわ寄せがくることになるでしょう。

だからこそ私たちは教養を身につけ、しっかりと政策についても目を光らせないといけないのです。

3章

将来のお金はどうやって蓄えればいいの？

3sho 01

子育てにかかるお金は全部でいくら？

●子育ては贅沢なこと？

日本で少子高齢化が進んでいることは、小学生でも知っていることでしょう。では、なぜ子どもが少なくなっているのか。その理由はわかりますか？

財務省が発表した『若年層の結婚をめぐる状況について』に載っているいくつかのグラフを見てみましょう。

それぞれの調査項目について、1980年から2015年まで5年ごとの推移がグラフになっています。日本では晩婚化が進み、未婚のまま暮らす人が男女ともに増えていることがグラフでもわかるでしょう。

しかし、未婚者に結婚の意思を確認すると、同調査によれば「結婚をするつもりはな

男女別未婚率の推移

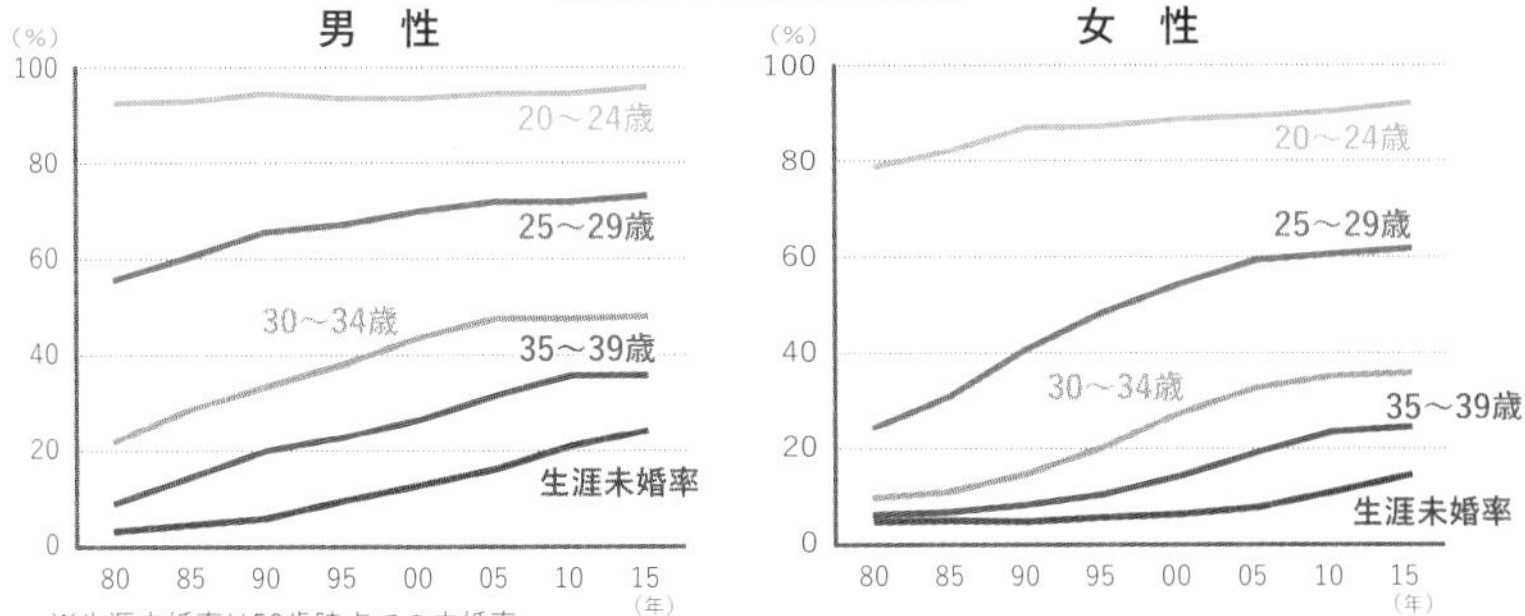

※生涯未婚率は50歳時点での未婚率

男女別平均初婚年齢

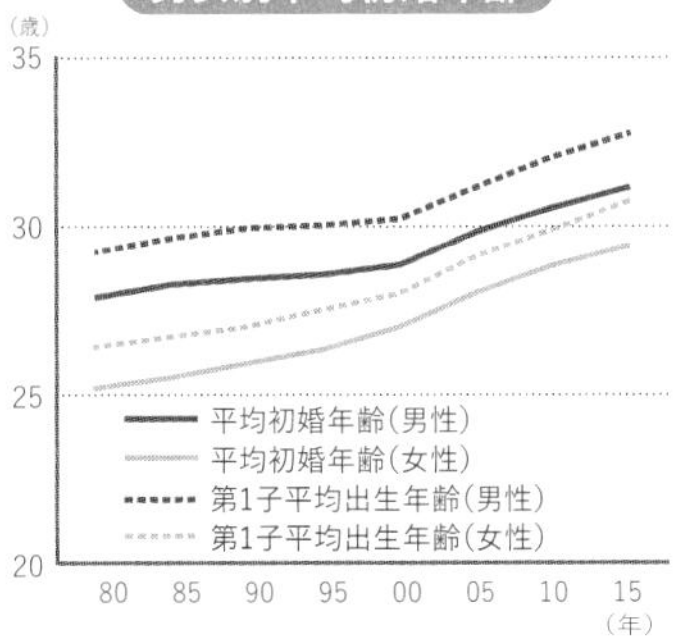

未婚者の結婚意思の推移

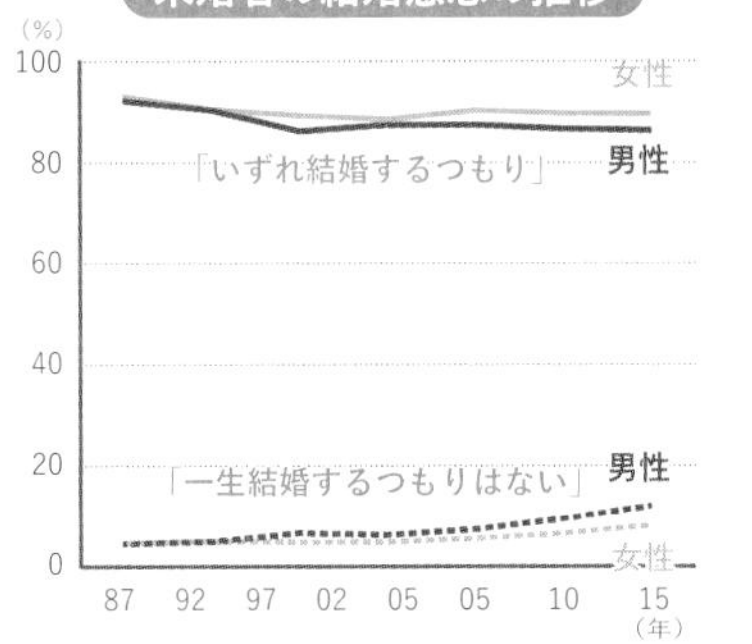

男性の非正規雇用比率

※2001年以前は「労働力特別調査」、2002年以降は「労働力調査詳細集計」により作成。調査方法などに相異がある。

男女の年収別既婚率

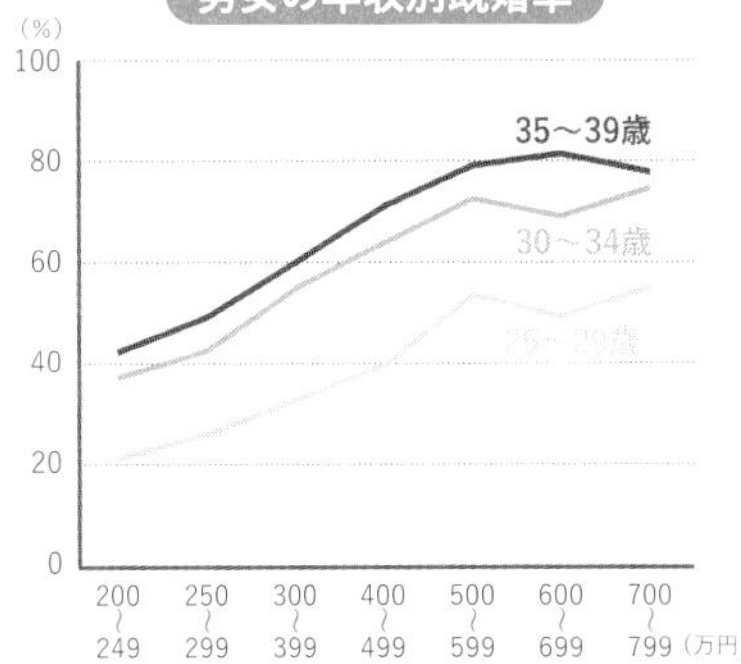

（出所）：いずれも財務省『若年層の結婚をめぐる状況について』。

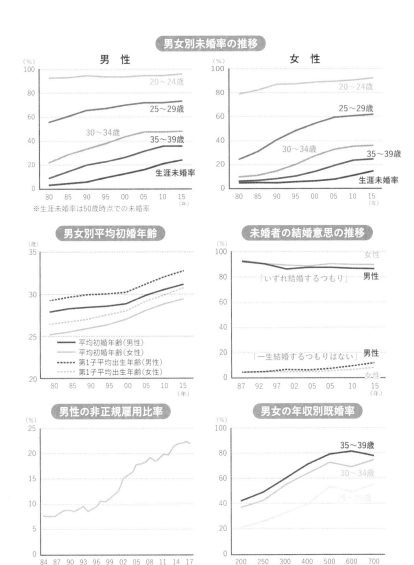

い」と回答する人の比率はわずかに上昇しているだけで、「いずれ結婚するつもり」と回答している人がほとんどです。それでは、なぜ結婚する意志はあっても未婚の人が増えたり、晩婚化が進んだりするのでしょうか？

結婚の壁となっているのは圧倒的に金銭面の問題です。年収別の既婚率を見ると、年収が低い人ほど結婚をしていません。その一方で年収が低いとされる非正規雇用比率が男性で上昇しています。

日本では平均年収が下がり、非正規雇用が増えていくという非常におかしな状態が何年も続いており、その結果、結婚しない、子どもを産まないという判断が一般的になりつつあるのです。

1人の女性が一生の間に産む子どもの数（**合計特殊出生率**(注20)）はそこまで減っていないことを考えれば、子どもを産み育てることが贅沢なことのようになっているともいえるでしょう。

(注20)**合計特殊出生率**
合計特殊出生率の推移を見ると最低だった年は2005年で1.26。2019年を見ると1.36と2005年に比べ若干だが増えているものの、2016年以降4年連続で減少を続けている。ちなみに第二次ベビーブーム期の1973年は2.14、第一次ベビーブーム期の1949年は4.32となっている。

子ども1人を育て上げるのは大変

国としてこのような状態を放っておくこと自体あってはいけないことですが、この本はお金の知識や教養を身につける本ですから、そこに対する批判は抑えて、ここでは子育てにかかるお金について学んでいきたいと思います。

私は子どもが3人いますし、学生時代の同級生や、過去に勤めていた職場の同期たちも子どもがいる人は多いので、飲みの席では進学や育児にかかるお金の話をしたりもします。それではクイズです。

問題

仮に子どもが幼稚園、小学校、中学校、高校、大学と全て公立に通った場合、教育費は合計でいくらかかるでしょうか? いずれも自宅から通学し、幼児教育の無償化や高等学校等就学支援金制度(注21)は考慮しないものとします。

1 約1000万円
2 約3000万円
3 約5000万円

(注21) 高等学校等就学支援金制度
国公私立問わず、高等学校等に通う所得等の要件を満たす世帯(両親のうちどちらか一方が働き、高校生1人〈16歳以上〉、中学生1人の子どもがいる年収約910万円未満の世帯)の生徒に対して、授業料に充てるため、国において高等学校等就学支援金を支給する制度。

幼稚園から大学まで公立の場合の学費

	計算式	総　額
公立幼稚園	22万3,647円 × 3年	67万941円
公立小学校	32万1,281円 × 6年	192万7,686円
公立中学校	48万8,397円 × 3年	146万5,191円
公立高等学校	45万7,380円 × 3年	137万2,140円
初年度	107万円 + 71.4万円	178.4万円
2～4年目	107万円 × 3年	321.0万円
合　計		1,042万9,958円

（出所）：文部科学省「平成30年度子供の学習費調査」、日本政策金融公庫「令和元年度　教育費負担の実態調査」のデータをもとに株式会社マネネが作成。

ちなみに私は小学校と中学校は公立でしたが、内申点が低すぎて県立高校は受からず、高校から私立へ通いました。2020年に「高等学校等就学支援金制度」が拡充されたことで、現在は公立・私立問わず高校生までは学費がほとんどかからなくなりましたが、当時はこのような制度もなく、私立高校の学費が非常に高かったことを考えると、金銭的な面で親不孝だったかもしれません。

さて、話を元に戻しましょう。クイズの答えはわかりましたか？

正解は①の約1000万円となります。

文部科学省が2019年12月に発表

した「平成30年度子供の学習費調査」によれば、幼稚園から高校まで公立の場合は543万5958円。そして、日本政策金融公庫が2020年3月に発表した「令和元年度　教育費負担の実態調査」によれば、国公立大学に自宅から4年間通学した場合は約499・4万円かかります。よって、合計すると1042万9958円となります。

子育てをすることの重要性

この金額を見て、将来が不安になるかならないかは人それぞれでしょう。ただ、ゆとりある老後生活を送るため、定年退職までに2000万円は貯めなければいけない（**老後2000万円問題**（注22））というのに、子どもを1人育て上げるのに1000万円以上かかることを思うと私は不安になります。なにせ私の場合は子どもが3人いますので、必要な金額は単純計算で3倍に膨れ上がるわけですから。

子どもが習い事をしたい、私立に行きたい、留学したいとなれば、親としては経済的な理由で「ダメだ」とはいいたくないですし、可能な限り応援してあげたいものです。しかし、この数字以外にも子どもの洋服やレジャー用品などにもお金がかかりますし、

（注22）老後2000万円問題　2019年6月に金融庁の審議会である市場ワーキング・グループがまとめた報告書「高齢社会における資産形成・管理」に端を発する問題。報告書では収入を年金のみに頼る無職世帯が20～30年間の老後を生きるためには約2000万円の資金が必要になるとしている。

将来のことを考えれば学費や仕送りのために預金をしなくてはいけません。

このように数字を細かく見ていくと、誰もが「しっかりと子どもを育て上げることができるのか」と、結婚する前から不安になってしまうことでしょう。まして職が安定していない非正規雇用であったりすると、その不安はさらに大きくなるはずです。

真面目に子どものことを考えれば考えるほど、結果として少子化が進んでしまうのは非常に残念なことですし、国としても非常によくない事態です。

3人の子どもを育てる中で感じるのは、子育てをすることは、自分が子どもだった時の親の気持ちを、我が子を通じて再体験しているということです。

あの時、親はこう思っていたのではないか、など子どもの時は考えることもなかったようなことを考えられるようになりました。そうやって、子育てを通じてある意味での修行をすることで、子どもや孫には素晴らしい国で楽しく豊かに暮らしてもらいたいという強い思いが芽生え、一国民として国の在り方を考える機会が生まれる。私はそう思っています。

つまり、多くの人が結婚をせず、子育てもしないという選択肢を取らざるを得ない状態を放置するのであれば、それは「いまだけ、自分だけ」のことばかりが気になり、国の在り方や行く末を考える機会に恵まれない人を増やしてしまうと思うのです。

では、何をすれば世の中の流れを変えることができるのでしょうか？　それはまず**1人1人が経済や政治に興味を持つことから始め、少しでも行動をしたり発信したりすることが大事**だと私は考えています。1人が発信したところでそれは意味がないかもしれませんが、それが少しずつ積み重なっていくことで大きな波が生まれます。

行動を起こす中で反論を浴びたり、嫌な思いをしたりすることもあるでしょう。しかし、そのような経験が重要なのです。

まずは本書などの書籍から知識をインプットして、それを理解したうえで自分の言葉でアウトプットし、第三者からのフィードバックを受けて、自身のアウトプットの内容を検証して修正する。その際にまた新たな情報をインプットして、改めてアウトプットする。この繰り返しを通じてでしか、真の教養は身につけられないと考えます。

3sho 02

介護とお金の問題

●介護は誰もが無関係ではいられない

介護と聞いて、みなさんはどのような印象を抱くでしょうか？　年老いた親の介護や、自分が高齢者になった時のことを思い浮かべたかもしれませんが、実は介護とは必ずしも「高齢」がキーワードではありません。そして、介護はしてもらうものでもあり、するものでもあります。

たとえば運動中のケガや病気、交通事故などによって身体が不自由になり、介護が必要になるかもしれません。また、それらの理由で自分が誰かの介護をしなくてはいけない立場になるかもしれません。つまり、全ての年代の人に介護をしてもらったり、介護をしたりする可能性があるのです。

最近では「ヤングケアラー（注23）」という言葉も耳にします。18歳未満で家族の介護や世話をする人を指す言葉です。本来、10代であれば学校の友達と遊んだり、勉強や部活に打ち込んだりしたい時期です。私が10代のころを振り返っても、家事は全部親任せで、自分の時間は自分のためだけに使っていた記憶があります。しかし、いざ家族の介護をする必要が生じてしまうと、介護だけでなく家事もしながら、学業や部活をしていくことになります。その結果、学校生活や進路に支障をきたす子も多いのです。

誰もがいつ介護をしたりされたりといった状況になるかはわかりません。だからこそ、身体が健康なうちに介護にかかる費用をしっかりと理解し、どのような考え方で介護と向き合えばいいのかを学ぶ必要があるのです。

●介護にはお金がかかる

生きていくだけでお金ばかりかかるという暗い話が多くなってしまい、非常に申しわけない気持ちになりますが、現実から目をそらしても意味がありませんから、しっかりとデータを見ていきましょう。

当然ながら、介護にはお金がかかります。それでは、ここでクイズです。

（注23）ヤングケアラー
政府が2021年に発表した実態調査によると、調査をした中学2年生で5・7%、公立高校（全日制など）の2年生では4・1%が「世話している家族がいる」と回答。文部科学省の統計にあてはめると、中学2年生で約55000人、高校2年生で約42000人がヤングケアラーという計算になる。

問題

介護にかかる月額費用は平均でいくらでしょうか？

1 約2・6万円
2 約5・4万円
3 約7・8万円

ちなみに、公益財団法人生命保険文化センターが発表した「平成30年度生命保険に関する全国実態調査」によると、バリアフリーへのリフォームや車椅子やベッドなどの介護用品を購入するのにかかる一時費用の平均額は約69万円となっています。

では、クイズの答えはどうでしょうか？

正解は③の約7・8万円となります。月額費用とはデイサービスなどの介護施設や訪問介護の利用にかかる費用、医療費やおむつ代などの継続的にかかる費用を指します。しかし、注意しなくてはいけないのは、**要介護度**(注24)によって金額に差は出るということです。たとえば、調査の中で月額費用が15万円以上との回答が15・8％となっており、2割弱の人は平均額の倍近く払っているということになります。

(注24)
要介護度
介護保険サービスを受けるには要支援・要介護の認定が必要となり、その段階は自立、要支援1～2、要介護1～5の8段階に別れている。ちなみに、2019年4月末の要介護認定者は659万人で2000年4月末時点から約3倍の数となっている。

介護費用の推移（月額）

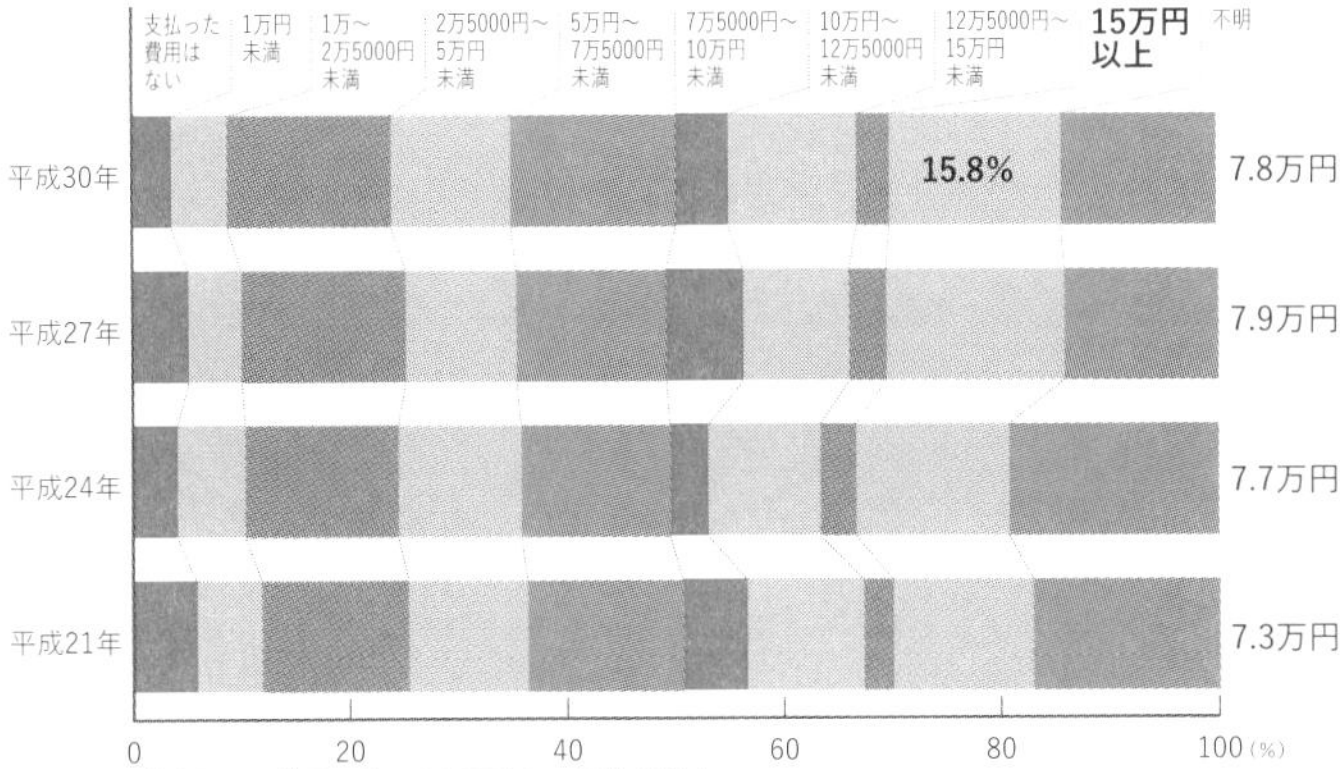

※「支払った費用はない」を0円として平均を算出

（出所）：公益財団法人生命保険文化センターが発表した「平成30年度生命保険に関する全国実態調査」。

●金額だけで判断するのはやめよう

1章では「ムダ遣い」や「贅沢」について学びました。しかし、注意して欲しいことがあります。すでに指摘したことでもありますが、**お金を使わないことが正しいのではなく、使うことが最もよい選択であれば使えばいいですし、選択肢が2つあった時に無条件で安いほうを選ぶのが正解ではありません。**

なぜ再び、このような話をしたのか。実は介護についてもこの考え方が重要だからです。介護をする場合、主に「在宅介護」と「**有料老人ホーム**(注25)」のいずれかを選

（注25）有料老人ホーム
有料老人ホームは大きく介護付き、住宅型、健康型の3つに分かれる。介護付きは介護サービスがついている。住宅型は基本的に自分で生活し、必要であれば訪問介護が受けられる。健康型は緊急な場合のみ介護サービスが受けられるようになっている。

ぶ必要があります。費用だけで比較すると、一般的には有料老人ホームのほうが毎月の費用が高くなる傾向にあるため、在宅介護を選択する人も多いのですが、そんな時こそ先程の考え方を思い出して欲しいのです。介護職が専門職として存在する理由を考えればわかりますが、介護未経験者が要介護者を介護するのは非常に大変です。介護に慣れていない状態で入浴や移動を手伝った場合、転倒や怪我のリスクも高まり、介護する側、介護される側、両者にとって危険が生じます。

また、介護は肉体的にも精神的にも非常に厳しいものです。場合によっては介護している側もまいってしまい、共倒れになることも想定されます。よって、月額の費用を比較して、単純に金額の差だけで意思決定をしないように気をつけて欲しいのです。

移動するのにも、排泄するのにも介助が必要となると、まるで赤ちゃんのお世話をしているようになります。

しかし、赤ちゃんが数キログラムなのに対し、高齢者であっても相手が大人となれば、数十キログラムの重さであり、しかもダンベルではなく生きた人間なので、実際の重さ以上に重く感じるのです。夜中に排泄をすれば起こされるわけですし、ベッドから落ちるようなことがあれば早朝でも助けにいかなければいけません。

24時間365日、とてつもない肉体労働をしながら、仕事や家事、育児をやる。これは肉体的にも精神的にも非常に大変です。実は私の両親は自宅での介護を経験しています。実際に介護を経験した母親、そしてそれを見てきた父親はともに、「自分が要介護者になったら施設に入れてくれ」といいます。子どもには同じ苦痛を味わわせたくないということなのでしょう。

おそらく、介護の本当の大変さは当事者にならない限りは理解できないでしょう。「自分の親なんだから自分で介護して当たり前だろう」という人もいますが、そのような社会的な雰囲気が悲劇を生むこともあります。真面目な人ほど、自分の親だから自分で介護しようと全てを背負い込む傾向にあると思いますが、肉体的にも精神的にも追い詰められた結果、虐待や最悪の場合は殺人、心中につながったりもするのです。

何でも金額で比較して決めるのではなく、広い視野で考えて、かつ先も見据えたうえで、合理的な判断ができるようにしていくことが大切だと思います。

3sho 03

退職金ってあてになるの？

●退職金ってそもそも何？

いま就職活動をしている学生からすると、就職先を決める際に初任給やボーナスなど金銭面も1つの検討ポイントになるでしょう。

また、転職を考えている人にとっても新しい職場の年収や退職金制度など、同じく金銭面が1つの重要なポイントになるはずです。

仕事をする目的は人それぞれですが、労働の対価として受け取るお金も非常に重要です。対価と聞くとつい給料に目がいきがちですが、退職金も労働の対価ということができるでしょう。

60歳まで働き、定年退職とともに退職金を元手に奥さんと飲食店を始めたというような話を昔はよく聞いたものです。私も子どものころはそのような話を聞くことが多かったため、なんとなく自分も退職金はもらえるものだと思っていましたが、いざ社会人として働きながらいろいろなことを知っていくと、「あまり退職金は期待しないほうがいいなぁ」という感覚になっていきました。

退職金については働いてきた世代によって期待する感覚も違うと思いますが、まずは退職金の制度そのものについて見ていきましょう。

退職金制度には大きく分けて4つの種類があります。

会社が独自に準備してくれる制度で、一度にまとめて受け取るもの（一時金形式）は「**退職一時金制度**」、分割して受け取るもの（年金形式）は「**退職年金制度**」といいます。

また、外部機関を活用するケースもあります。その場合の一時金形式は「**中小企業退職金共済**」や「**特定退職金共済**」、年金形式は「**厚生年金基金**」、「**確定給付企業年金（DB）**」、「**確定拠出年金**(注26)**（企業型DC／401k）**」があります。

ちなみに、退職金の起源は江戸時代に商家が奉公人に対して、同じ屋号で商いを営む

(注26) 確定拠出年金
払い込まれた掛金とその運用収益との合計額をもとに、将来の給付額が決定する年金制度のこと。掛金を事業主が出す企業型年金と、加入者自身が出す個人型年金（iDeCo）があり、企業、個人ともに様々に税優遇され、掛けたお金は定期預金や投資信託で運用される。

権利「**のれん**(注27)」をおくる習慣といわれています。

徐々にのれんではなく、商家の主人と奉公人の双方が賃金の積立をして、奉行勤めが明けたタイミングでそのお金を渡すというかたちに変化していきました。そして第二次世界大戦直後に終身雇用制度ができるタイミングで現在の退職金制度も普及していきました。

しかし、**日本でも少しずつ終身雇用制度、年功序列といった従来からの日本型経営が崩れ始めており、それとともに退職金自体も金額が減ったり、そもそも制度がなくなったりしている**のです。

●それで退職金ってどれぐらいもらえるの？

毎月振り込まれる給料や、半年に1回もらえるボーナスなど、目先のお金には敏感になる一方で、退職金というかなり先にもらうお金についてはいまいちイメージを持てずにいるかもしれません。

それでは、ここでクイズです。

(注27)
のれん
一般的には店先にかかっている布のことを指す。ただその布には店名が書かれていることが多く、古くから店の信用などの意味で使われてきた。会計の世界ではM&A（企業買収）をした時の買収された企業にとっての「ブランド的価値」を指して「のれん」という。

問題

仮に35年間勤めていた会社を65歳で退職したとすると、どれぐらいの退職金がもらえると想定しておくべきでしょうか？（2021年に退職すると考えてください）

1 500〜1000万円ぐらい
2 1000〜1500万円ぐらい
3 2000〜2500万円ぐらい

「2021年に退職すると考えてください」と追記した理由は、何十年後も同じ状況である可能性が低いからです。将来はもっともらえるようになってるはずだ、と明るい話ができればいいのですが、実際はいまよりももらえなくなるか、最悪の場合はゼロという未来になりそうですが……。

暗い話になってしまいましたが、クイズの答えはどうでしょうか？　正解は③の2000〜2500万円ぐらいです。

意外ともらえるじゃないか、と思いましたか？　また、なぜ今回の問題の回答は「〇円〜○円」の幅が500万円と広いのか？　と疑問を持った人もいるかもしれません。

日本経済団体連合会（注28）と東京経営者協会が2019年に行った調査によれば、「管理・事務・技術労働者（総合職）」の60歳では、大学卒が2255・8万円、高校卒が2037・7万円となっています。

また、人事院が2017年に発表した資料によれば、退職一時金と企業年金（使用者拠出分）を合わせた退職給付額は民間企業が2459・6万円、公務員は2537・7万円となっています。調査条件によって結果に違いが出てきますので、ざっくりとまとめると正解は③となるわけです。

●退職金がないケースも十分あり得る

退職金の制度や平均的な金額について見てきましたが、金額についてはあくまで調査による平均値であり、所属する企業によって様々です。

厚生労働省が発表した「平成30年就労条件総合調査」を見ると、従業員数別で企業を区分けすると退職金制度の有無に大きな違いがあることに気づきます。想像通りだと思いますが、企業の規模が大きいほど退職金制度があるということになります。

（注28）日本経済団体連合会
経団連といわれ、日本の代表的な企業1444社、製造業やサービス業等の主要な業種別全国団体109団体、地方別経済団体47団体などから構成されている。経済の中心を担う団体として「経済同友会」「日本商工会議所」とともに「経済三団体」とよばれている。

企業規模別、退職金制度の状況

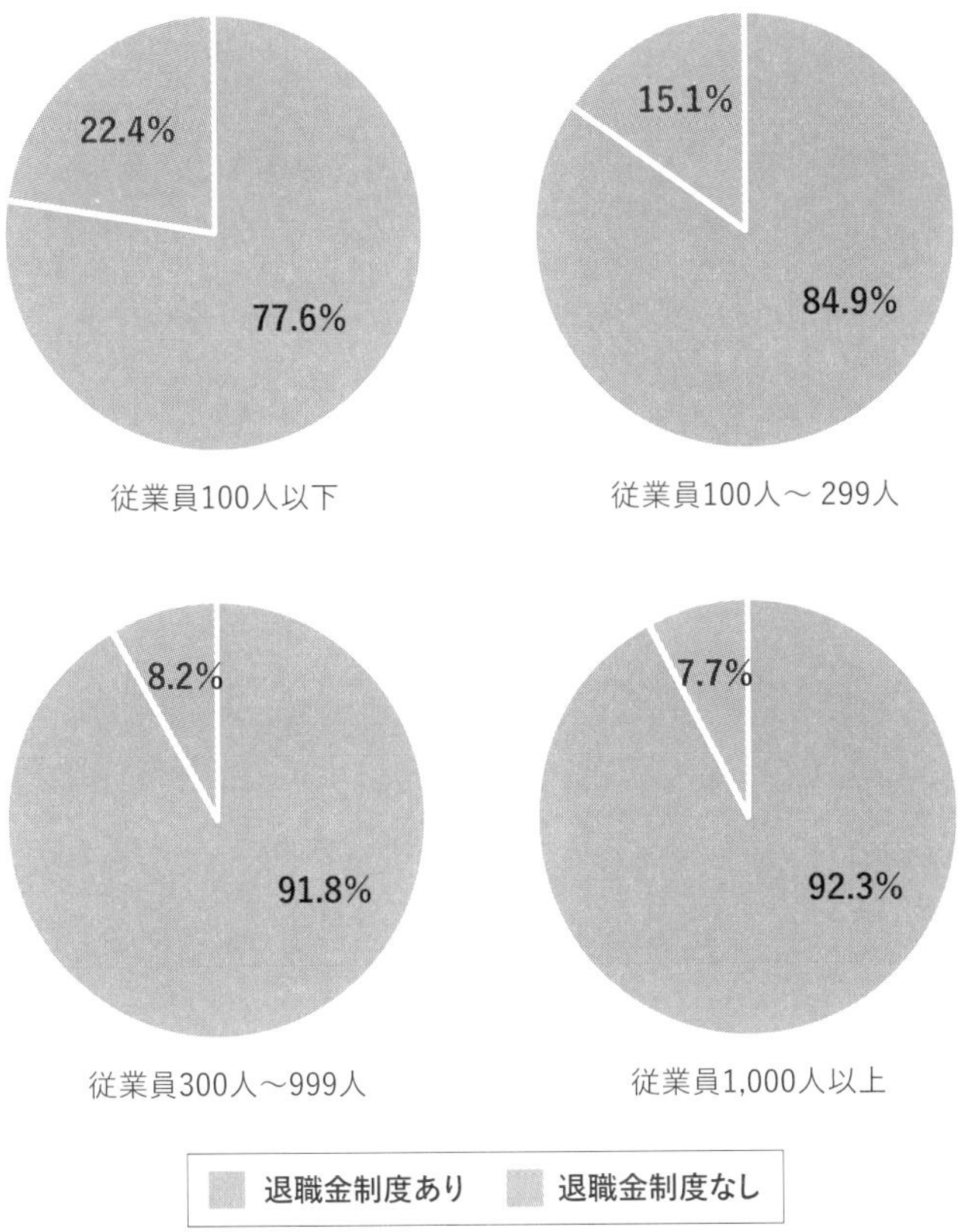

（出所）：厚生労働省「平成30年就労条件総合調査」のデータをもとに株式会社マネネが作成。

ここ数年はベンチャー企業ブームがあり、学生のうちから起業する人もいますし、20代で起業して会社を大きくする人も増えてきました。

そして、メディアもそういう人たちをどんどん取り上げるため、どうも大企業に就職するよりもベンチャー企業で働くほうがカッコイイと短絡的に考える学生を多く見かけますが、このような制度は当然ながら大手企業のほうがしっかりしています。

私はどちらが良いとか悪いという話は一切する気がありませんが、もしみなさんの中で就職活動中の方がいるならば、（本書の中でも何度もいっているように）物事には良し悪しが混在しているため、一方的にどちらが良いとか悪いという観点ではなく、良い点と悪い点を天秤にかけて冷静に判断することをお勧めします。

3sho 04

年金は本当にもらえるの？

年金ももらえるか不安……

退職金の話をしましたが、私の親世代は老後の日常生活費は年金を充てると考えている人がほとんどでした。ただ、これから社会人になる学生や現役の社会人と話をしていると、多くの人が年金に対して悲観的な印象を持っているように感じます。年金が1円ももらえないという極端な想像をしている人はわずかですが、いま給付されている金額よりは確実に下がると思っている人はかなりいます。

実際、国民年金（老齢基礎年金）の受給額を過去にさかのぼってみると、1999年度が年額80万4200円に対して、2019年度は年額78万1100円とわずかながら減少しています。

ただ、実際に多くの人の話を聞いてみると、この数字以上に不安を抱えている国民は多いようです。公益財団法人生命保険文化センターが全国の18〜69歳男女を対象に行った調査をまとめた「令和元年度　生活保障に関する調査」によれば、**老後生活に「不安感あり」と回答した人は84・4％**にのぼります。

内訳を見てみると、**「公的年金だけでは不十分」82・8％**、**「日常生活に支障が出る」57・4％**、**「退職金や企業年金だけでは不十分」38・8％**、**「自助努力による準備が不足する」38・5％**となっていますので、多くの人が年金だけで老後生活は送れず、現役時代のうちに自分で貯蓄や運用をしてしっかりと備えなければいけないと考えているのでしょう。

●で、結局、年金はいくらもらえるの？

では、具体的な金額の話に入る前に、年金のしくみを簡単に押さえておきましょう。

一般的に年金と呼ばれているのは「公的年金」を指しますが、公的年金は、「国民年金」と「厚生年金」の2種類に分けられます。

年金の構造

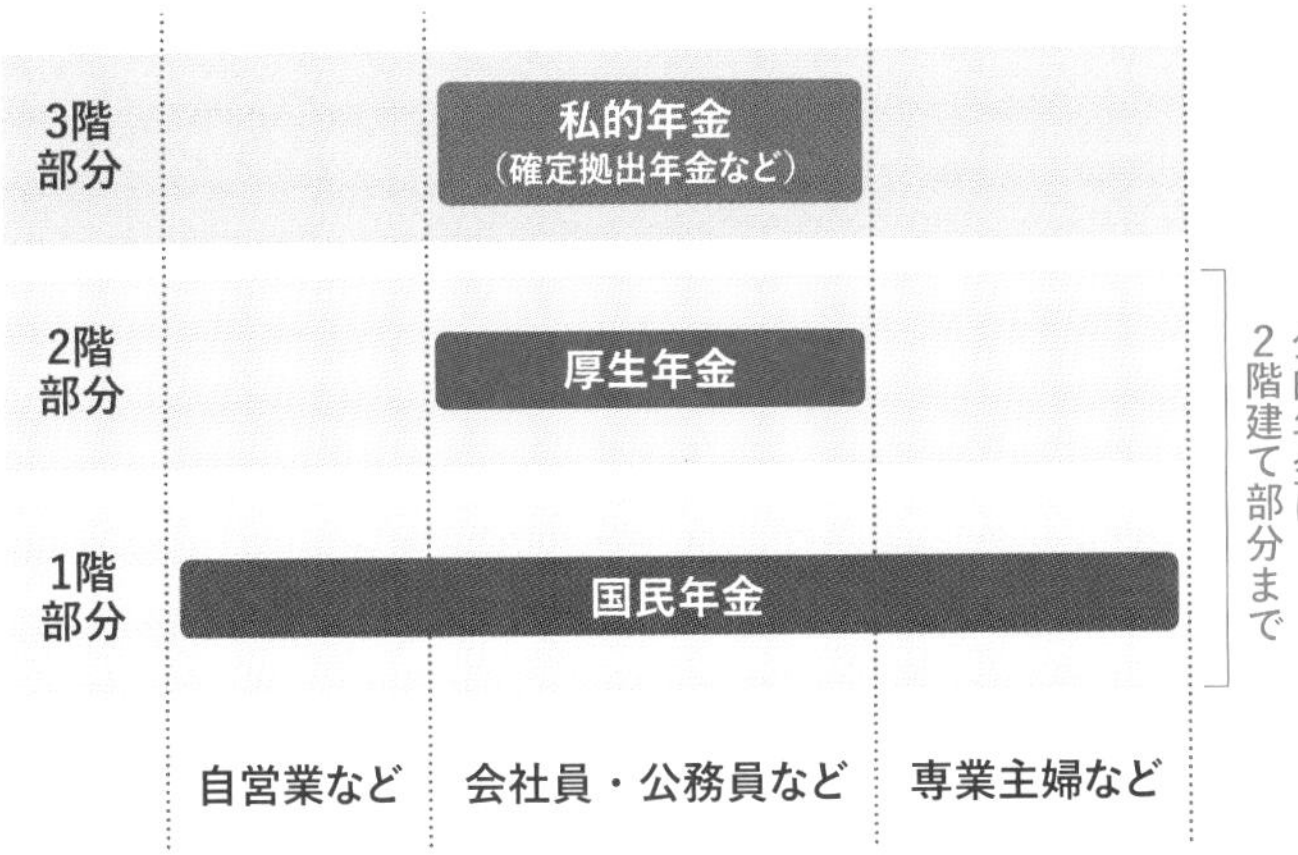

日本に住んでいる20歳以上60歳未満の人が全て加入する「国民年金」というものがあり、会社員や公務員が加入する「厚生年金」は国民年金に上乗せされる形となります。そのことから、よく年金の構造は「2階建て」の建物に例えられることがあります。

これ以外にも企業や個人が用意する私的年金というものもあります。上図では3階部分がそれです。前項目で出てきたiDeCoは私的年金にあたります。

将来を悲観してばかりいても仕方ありません。そもそも、現時点ではいくらもらえるのかというデータを頭の中にしっかりと入れておきましょう。ということで、ここでクイズです。

問題

2019年度末における厚生年金（国民年金分含む）の月々の平均受給額はいくらでしょうか？

1 約14・4万円
2 約18・8万円
3 約23・2万円

ちなみに、毎月25万円もらえるとすると1年間で300万円になります。答えとして挙げた選択肢のどれかが正解なわけですが、そう考えると公的年金だけだと毎年300万円ももらえないということですね。

さて正解ですが、正しいのは①の約14・4万円になります。厚生労働省が2020年12月に発表した「令和元年度 厚生年金保険・国民年金事業の概況」によれば、平均受給額は14万4268円となっています。

ここで平均受給額を性別で見ると、男性は16万4770円、女性は10万3159円となっており、年金受給額でも男女差があることがわかります。

シミュレーションをしてみよう

本書を読んでいる方が学生だったり、定年までまだ何十年もある若い社会人の場合は、年金の話をどれだけされてもいまいちイメージが湧きにくいと思います。そこで、「現時点で」という前提で具体的なシミュレーションをしてみましょう。

国税庁が発表した「平成30年度　民間給与実態統計調査」によると、30代後半の平均年収は男性が528万円、女性が314万円となっています。現在は**専業主婦世帯**よりも、**共働き世帯**(注29)のほうが一般的であるため、以下の条件で年金のシミュレーションをします。

夫：正社員平均年収約500万円
妻：正社員平均年収約300万円
※夫婦は2人とも厚生年金と国民年金に加入し、60歳まで働くとします。

(注29)
専業主婦世帯
共働き世帯
独立行政法人 労働政策研究・研修機構のデータを見ると1980年の専業主婦世帯が1114万世帯で共働き世帯614万世帯の倍近くの数だったものが、2020年では、専業主婦世帯571万世帯、共働き世帯1240万世帯と40年の間にその数が逆転してしまっている。

先の条件だと、年金受給額は夫が約15万1000円、妻が約11万5000円となりますので、毎月もらえる年金は夫婦合計で約26万6000円となります。

ここで計算したシミュレーションは、あくまで「現時点」で「先の条件」の場合の年金受給額になります。自分自身の年金情報は日本年金機構の「ねんきんネット」で確認するようにしましょう。

ねんきんネットでは年金記録の確認や、年金見込み額の試算、毎年誕生月に日本年金機構が郵送している「**ねんきん定期便**(注30)」をPDFファイルで確認できます。

先程から条件によって受給額が変わるとしつこく書いていますが、年金を受け取るタイミングによっても受給額が変わります。年金は受給タイミングを繰り上げて（早めて）受け取ることもできますし、繰り下げて（遅くして）受け取ることも可能です。

繰り上げ支給を請求する場合、受給額は1か月あたり0・5%減り、逆に繰り下げ支給を請求する場合、支給額は1か月あたり0・7%増えます。

たとえば、65歳から厚生年金、基礎年金を受給できる人が70歳時に繰り下げ請求すると、5年（60か月）の繰り下げとなり年金額が42%（＝0・7%×60か月）増額となり

(注30) ねんきん定期便
ねんきん定期便は50歳未満と以上では記載される年金の額が変わる。具体的には50歳未満はこれまで払い込まれた額から算出する「加入実績による年金額」が、50歳以上は「年金見込額」として60歳まで払い込むことを前提として、「65歳から受給できる年金額」が記載されている。

年金を受け取るタイミングと受給額

	請求可能期間	請求単位	受給額増減 （月当たり）
繰り上げ支給	60～64歳	1か月	▲0.5%
繰り下げ支給	66～70歳	1か月	0.7%

ます。また、5年の繰り上げ請求を行う場合は、年金受給額が30％（＝0・5％×60か月）減額となりますので、76歳を超えると繰り上げ請求した場合の受給累計額が本来の受給累計額を下回ります。この場合だと76歳を超えるまで生きるのなら、繰り上げしないほうがお得ということになります。

しかし、自分が何歳まで生きるかなど誰にもわからないわけですから、どちらが正しいということはありません。退職時点での自身の生活費、貯蓄などの条件を考慮したうえで、繰り上げるのか、繰り下げるのかを考える必要があります。

3sho 05

投資をもっと活用しよう！

●どれだけ先読みをできるか

退職金も年金もあてにならないとなると、老後のお金は自分で作るしかありません。その方法の1つとして投資があります。ただ、1章でも書いたように日本人は投資に少し及び腰なところがあります。そこで、ここからは日本人が苦手とするその「投資」を将来のお金を作るという観点から、詳しく学んでいくことにしましょう。

まずは基本からです。

10年以上前、ある有名な海外の投資家に投資の秘訣を聞いたところ、

「Buy low, Sell high（安く買って、高く売れ）」

という非常にシンプルな回答をもらい、肩透かしを食らった思いをしました。しかし、

いま考えてみると、投資の秘訣を一言でいえといわれたら、自分もそう答えるかもしれないと思うようになりました。

買った値段よりも高い値段で売れば利益が出る。それは当然のことですし、非常にシンプルです。しかし、投資をしている何十万人、何百万人という投資家が少しでも安い値段で投資をして、投資した値段よりも高い値段で売り抜けようとしているわけですから、実際はそんなに簡単なことではありません。

まだ他の投資家が見抜けていない材料を見つけて、先に仕込んでおく（お金を投資しておく）。これが投資の基本です。その判断材料となるのが企業業績なのか、新たな技術や商品なのか、それは企業ごとに異なります。

少し難しいなと思う人のために、違う例を挙げてみましょう。

アイドルやアーティストを考えてみてください。ライブをやっても1人、2人しかお客さんがこない時期からずっと目をつけていたとします。

当時はお客さんがいないわけですから、そのアイドルやアーティストと一緒に写真を撮ったり、直接しゃべったりすることもできるでしょう。

しかし、数年後に曲が大ヒットし、さらに数年後には地上波で冠番組を持ち、東京ドームや武道館でライブをするとチケットは販売初日に完売してしまうような国民的スターになったとしたらどうでしょう？

デビュー当時に一緒に撮った写真やおしゃべりをした事実は宝物になりませんか？当然、売れてからファンになった人たちからは羨ましがられますし、尊敬もされるでしょう。ようは投資の世界でも、このような考え方で投資対象を探していくことが大事だということです。

●株価と財務情報に注目

それでは、どのようにして多くの投資家が気づいていない魅力を発掘するのでしょうか？　1つはファンダメンタル分析という手法があります。

株価の動きをすごくシンプルにいえば、業績が毎年伸びている企業の株は買いたい投資家が増えていくわけですから、株価も上がっていくわけです。つまり、**ファンダメンタル分析は「その企業の業績が来年も伸びるかどうか？」を分析するということです。**

具体的には現在の**財務情報**（注31）を分析します。企業が四半期（3か月）ごとに発表する決算資料や決算説明会資料などを細かに分析しながら、競合との比較などを行うのです。企業の評価の1つが株価だとすると、来年残すであろう業績に対して、現在の株価が割安であれば投資をすればいいですし、割高であれば投資をしないと判断すればいいという見方もできます。

少し難しいかもしれませんね。ではこう考えてみてはいかがでしょうか？

あなたがサッカーや野球の球団のオーナーだとします。まだ身体はでき上がっていないものの、とてつもない運動神経とセンスを持っている高校を卒業したばかりの選手がいて、しっかりとトレーニングをすれば身体はすぐにでき上がると確信できるのならば入団させますよね？

一方で、来季に向けて年俸交渉をしているベテラン選手がいるとします。人気があるものの怪我をしがちで、現在の年俸でも高いと思っているのに、さらに高い年俸を要求してきたらどうでしょう？　少しはもったいない気もするかもしれませんが、契約せずに他球団との交渉を促すでしょう。

（注31）財務情報
企業に財務に関する情報。主に決算までの1年間の財政状態や経営成績をまとめた財務諸表を指す。なかでも貸借対照表、損益計算書、キャッシュフロー計算書といったいわゆる財務三表は財産や収支の状況、お金の流れをつかむのに重要な資料である。

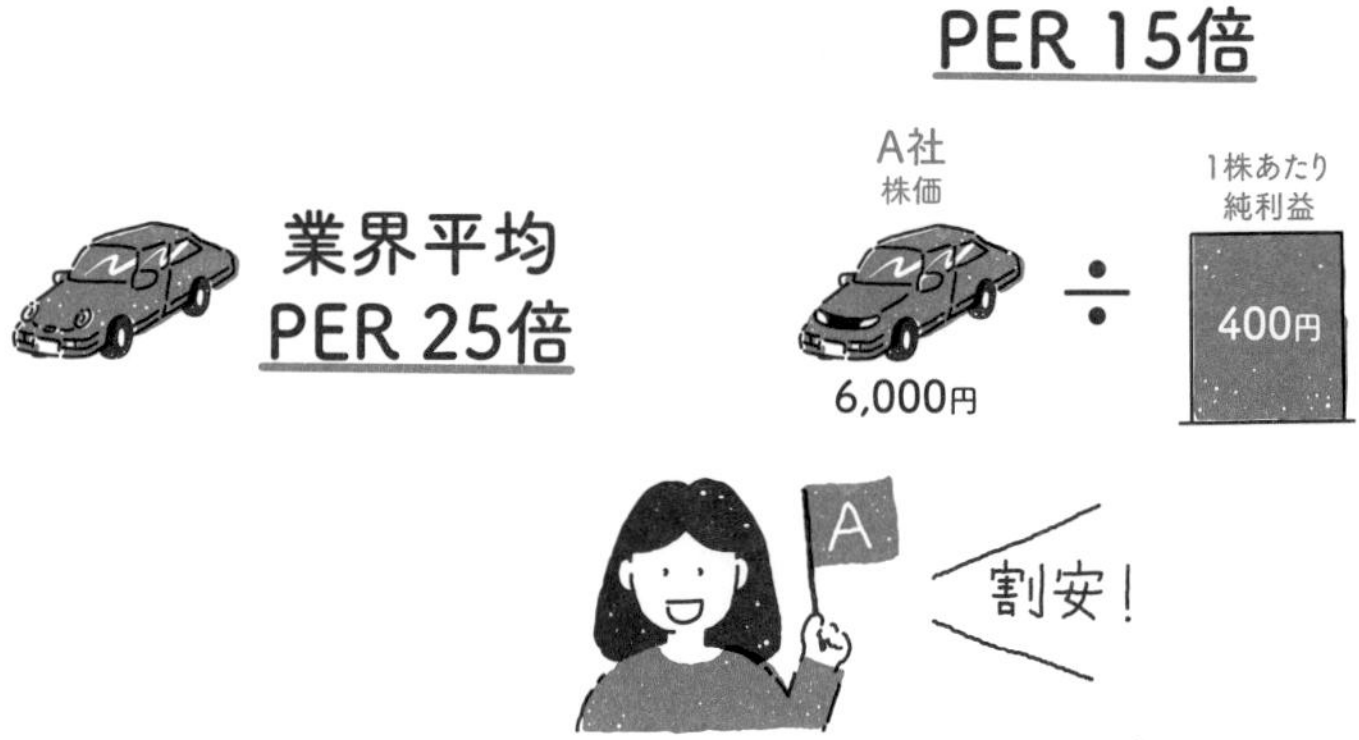

株の買い時、売り時を見るには？

現在の株価が割高か、割安かという判断を簡単に下せる指標がいくつかあります。その代表的なものの1つがPER（株価収益率）というものです。

PER＝株価÷1株あたり純利益（または、時価総額÷純利益）で算出できます。

たとえば、自動車を作っているA社のPERが15倍だとしましょう。自動車業界の平均的なPERが25倍だったとすると、A社の株価が割安な可能性があります。ただ、PERだけで投資判断をすることはありません。業績やその企業が属する産業などについて分析をしたうえで、参考情報に見る程度です。

それでは、ここでクイズです。実は株価指数にもPERがあります。

問題

日経平均株価のPER（前期の業績をベースに算出した数値）は2020年末時点で何倍でしょうか？

1 約10倍
2 約15倍
3 約20倍

ちなみに、2020年末時点における米国のNYダウは約25倍となっています。

では、クイズの答えはどうでしょうか？　正解は③の約20倍です。

PER以外にもPBR（株価純資産倍率）という指標もあり、以下の式で求められます。

PBR＝株価÷1株あたり純資産（または、時価総額÷純資産）

ＰＥＲよりも簡単に使える指標で、理論上はＰＢＲが１倍を下回っていれば割安ということになります。

●因数分解する習慣をつけよう

会社を分析する際にもう１つ有効な方法があります。それは「**因数分解する習慣をつける**」というものです。

ここでいう因数分解とは、会社の数字をいろいろな要素から考えることと理解してもらえたらよいかと思います。この習慣を身につけることで、新聞やニュースで目にする数字の捉え方が変わります。

たとえば、「Ａ社の今年度の売上高は１００億円」という数字を見た時に、何も習慣づいていない人は「へぇ、そうなんだ」という感想で終わります。しかし、因数分解をする習慣が身につくと、その１００億円というただの数字の裏側にある様々な数字が見抜けるようになってきます。

ちなみに売上高を因数分解してみるとこうです。

売上高　＝　従業員数　×　１人あたり売上高

このように考えると、来年の売上高を予想する際に、その会社が毎年どれぐらいの人員を採用しているかがわかれば、適当に予想するよりは精度の高い予想が可能になります。または、

売上高　＝　店舗数　×　１店舗あたり売上高

このように因数分解することで、来年の出退店計画などを調べることで、正確に売上高を予想できるようになります。

この**因数分解と同様に重要なのは割り算をすること**です。

たとえば、A社もB社も本業の儲けを表す営業利益が5億円だったとしましょう。この数字だけを比較すれば、両社に差はないように思えますが、A社の売上高は５００億円、B社の売上高は50億円だったとしたらどうでしょう？

営業利益を売上高で割って算出する数字を**営業利益率**といいますが、先の場合はA社の営業利益率は１％、B社の営業利益率は10％ということになります。当然、このデータを見ればB社のほうが利益率が高く、効率的に利益を出していることがわかります。

このように会社の数字を因数分解したり、割り算したりすることで、より深くその会社の状況がわかるようになるのです。

3sho 06

リスクとリターンって何だろう？

●虎穴に入らずんば虎子を得ず

投資の話をしているとよく「リスクを取るからこそ、リターンが得られるんだ」という人がいます。ただ、「リスクとかリターンとかいわれても難しくて、よくわからない」と投資の本を読み始めた人からよく聞くのも事実です。

リスクとリターンは投資に限らず非常に重要な概念なので、ここでは簡単な例を挙げて学んでおきましょう。

まだ私の子どもが全員未就学児だった時の話です。一家総出で少し離れた場所へ車で向かっていると、チャイルドシートにずっと座っていることに飽きた長女がグズりだしました。

「まだ着かないの？　もっとスピード出して欲しい」と。

そこで、私は彼女に聞きました。

「もっとスピード出してもいいけど、その代わり交通事故にあうかもしれないし、お巡りさんに捕まっちゃうかもしれないよ？」

すると、長女は少し考えた後に、「やっぱり、いまのままでいい」といいました。

これ、子どもがいる家庭ではよくある光景なのではないでしょうか？　この会話だけでリスクとリターンの概念は十分に理解できるのです。


日本には「虎穴に入らずんば虎子を得ず」という言葉がありますが、ようはリスクを取らなければリターンは得られないということです。


先程の例でいえば、スピードを出せば出すほど目的地には早く着くわけですが、その分、事故にあう可能性が高まるわけです。

ノーリスク・ノーリターンや、ハイリスク・ハイリターンという言葉を聞いたことがある人もいるかもしれませんが、それらも同じ意味になります。

●リスクについて学ぼう

私たちは日常生活のなかでもリスクという言葉をよく使います。たとえば、「それはリスクがあるからやめたほうがいいよ」といった具合です。

では、リスクとはどのような意味なのでしょうか？

この例文からすると、どうも危険性という意味で使われているような気がします。その解釈で多くの読者の方が違和感を覚えることはないでしょう。

しかし、投資の世界でリスクという言葉を使う場合、危険性という意味では使いません。次ページの上図を見てください。

投資の世界では、リスクはリターンの振れ幅をいいます。

この例でいえば、Bのほうがリスクが高いということになるのですが、うまくいけばAよりもBのほうが儲けることができます。つまり、**必ずしもリスクが高いBが危険というわけではない**ということです。

それでは、ここでクイズです。これまで選択式のクイズが続いていましたので、今回は投資にかかるリスクをどれだけ頭の中に浮かべられるか挑戦してみましょう。

リスクの比較

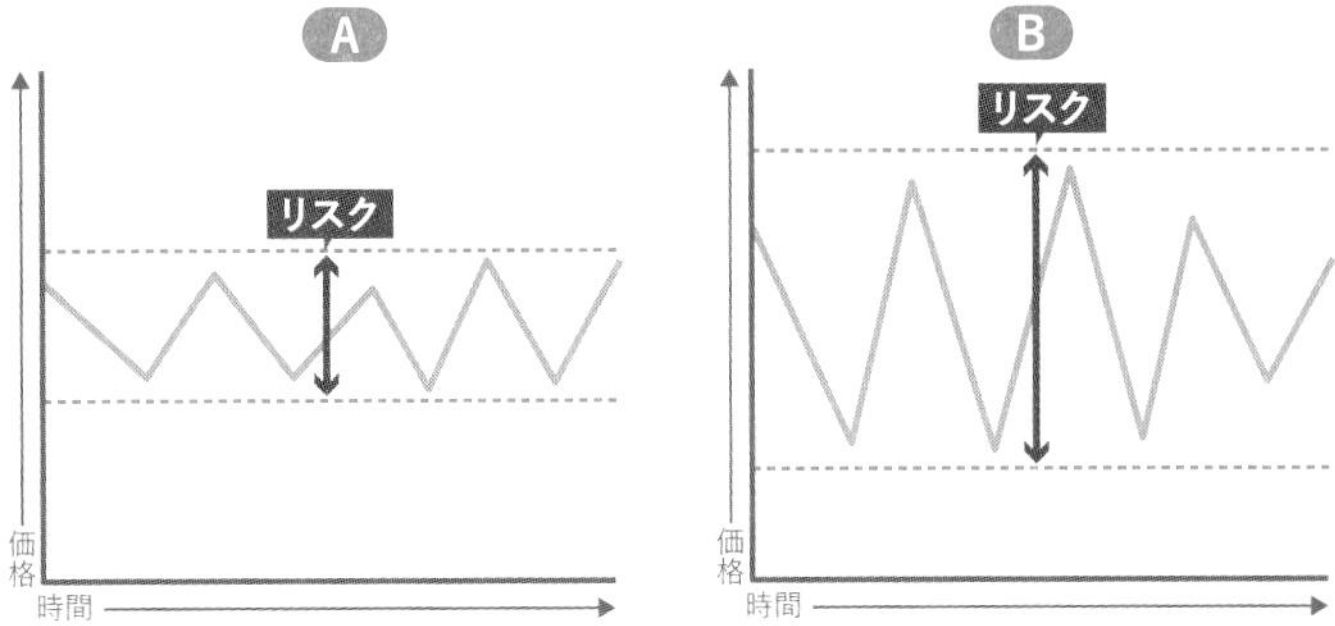

リスクとリターンの関係

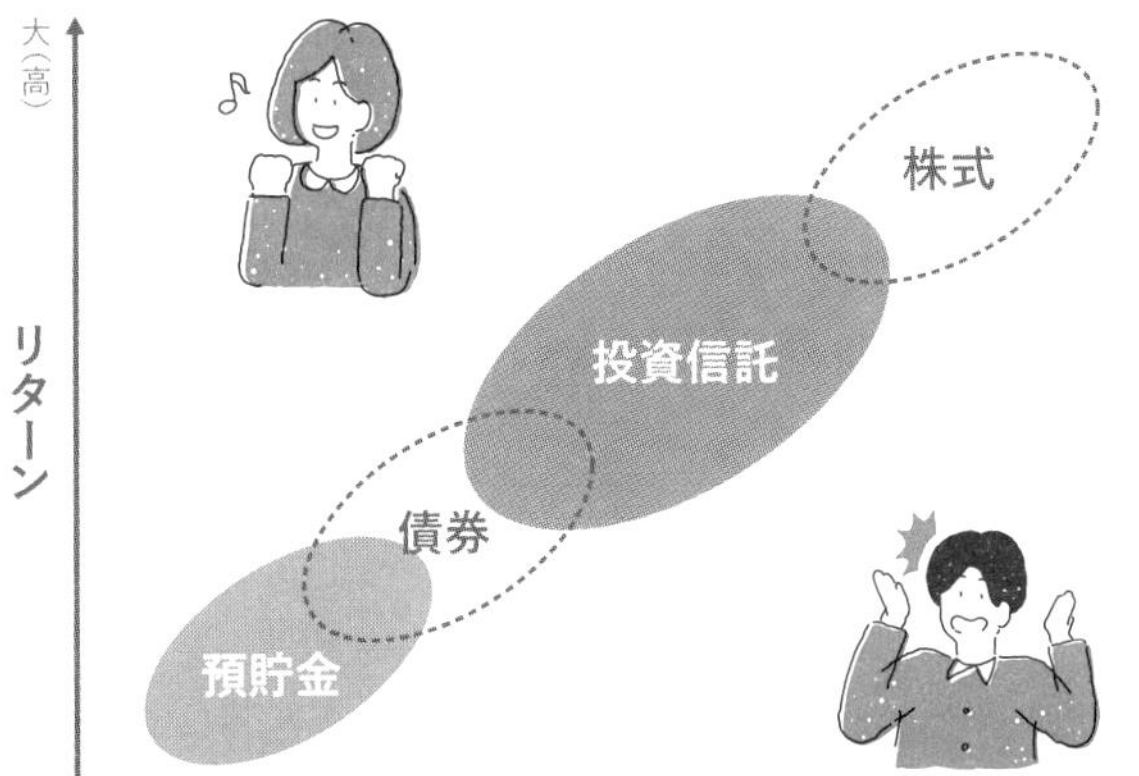

問題

投資をする際、どのようなリスクを取ることになるでしょうか？

ちなみに、金融商品ごとにリスク・リターンの関係を図にすると、一般的には前ページの下図のようになります。

株式投資が危険だといわれる一方で、株式投資で億万長者になる人もいるわけですが、まさに預貯金に比べればハイリスク・ハイリターンということになりますね。

では、クイズの答えはどうでしょうか？

あなたはどれだけのリスクを思い浮かべられましたか？

まず投資をする場合は**価格変動リスク**があります。

先程の例そのものですね。価格が上がって利益が出る可能性もあれば、下がって損失が生じる可能性もあります。

それ以外にも海外の資産に投資をする場合は**為替変動リスク**があります。投資先の価値が変わらなくても、外貨に対して円高になれば円換算すると利益が出ますし、円安になれば損失が生じます。

債券に投資をした場合は**信用リスク**が発生します。債券を発行した企業の財務体質が悪化すれば、当初予定されていた金利や償還金が支払われない可能性もあります。

不動産などは**流動性リスク**が高いといわれています。たとえば、いま投資をしている不動産を売却して現金化しようとしても、不動産はなかなかすぐには買い手が見つかりません。そうこうしているうちに、不動産価格が下落してしまうかもしれません。

これら以外にも投資には様々なリスクがつきものです。リスクを危険性と捉えずに、不確実性と捉えたうえで、自分の投資目的に適したリスクを取るように心がけましょう。

●リスクリワードの概念が重要

投資をやるなら「リスクリワード」という概念も知っておきましょう。投資にもいくつかの種類があり、拙著『いちばんカンタン つみたて投資の教科書』(あさ出版)では老後資産の形成手法として長期投資を勧めています。しかし、投資にはそれ以外にも、短期間で取引を繰り返すデイトレード、**スキャルピング**(注32)などの手法もあります。

主に短期取引をする投資家が使う指標が「**リスクリワードレシオ**」です。日本語では

(注32)スキャルピング
数秒から数分といった超短期で売買するトレード手法。FX(外国為替証拠金取引)など値動きが激しい商品に向いている手法で、1回の利益は小さいものの、損失も小さくて済むことがメリット。ただし、常に相場をチェックする必要があり、初心者には不向きな手法でもある。

「損益比率」といいます。

計算式は以下になります。

リスクリワードレシオ＝儲かった時の平均利益÷損をした時の平均損失

すごく簡単に説明してみます。取引には儲かるか損をするかの2通りの結果があります。たとえば10回取引をして、4勝6敗だったとしましょう。4回の利益の平均額は10万円。6回の損失の平均額は20万円だとすると、この場合のリスクリワードレシオは0・5ということになります。

短期で何度も取引をする場合、勝率とリスクリワードレシオが重要になります。**多くの人が勝率だけを意識していますが、勝率が高くてもリスクリワードレシオが低いと利益を出すのが難しくなります。**

仮に勝率が25%しかなくても、リスクリワードレシオ、つまり損益比率が3あれば、トントンになります。

勝率とリスクリワードレシオ（損益比率）

勝率＼損益比率	0.3	0.5	1	1.5	2	3
25%	-68%	-63%	-50%	-38%	-25%	0%
33%	-57%	-50%	-33%	-17%	0%	33%
40%	-48%	-40%	-20%	0%	20%	60%
50%	-35%	-25%	0%	25%	50%	100%
67%	-13%	0%	33%	67%	100%	167%
77%	0%	16%	54%	93%	131%	208%

将来のことは誰にもわからないわけですから、投資をして勝率が100％などということは考えにくく、利益が出る時もあれば、損が出る時もあるでしょう。

そこで、利益を出せる時は大きく利益を伸ばし、損を出す時はなるべく最小限に抑えていき、リスクリワードレシオを高める必要があるのです。

もちろん、絶対的にリスクリワードレシオを高める方法があるわけではありませんが、理論上はリスクを抑える方法などは存在するため、そのような知識も身につけながら投資をすることが重要になるのです。

3sho 07

投資をやるなら何がいい？

●投資の種類と準備の仕方

投資に限らず、お金を増やす方法はいくつかあります。資格を取ったり、転職をするなどして仕事から得る収入を上げる。または、本業以外にも仕事をして稼ぐ副業（175ページ参照）という考え方もあるでしょう。これらは人が勉強して能力を上げたり、働いたりして得られるものです。一方で投資はお金に働いてもらうことでお金を増やしていきます。

ただ、一言に投資といっても、投資にはいろいろな種類があります。たとえば、前項目で触れたように、投資頻度や投資期間での違いがあります。1日のうちに何度も取引をしたり、数週間保有するスタイルもあれば、何年、何十年と長期で保有するスタイルもあります。

また、投資先にも様々な種類があります。いろいろな企業の業績や、日本だけでなく世界各国の経済環境を分析する時間があり、そのような作業が好きな人には株式投資がお勧めです。しかし、そんな時間もないし、知識を身につけるために勉強をするのが面倒という人もいるでしょう。また、そんなにお金を持っていないという人もいるかもしれません。そのような人には手軽な投資信託がお勧めです。

株も投資信託も少し怖いけど、銀行に預けたままだと全く増えないのでなんとかしたいという人は国が発行している債券「**国債**(注33)」という商品があります。

資産運用という観点からは全くお勧めできませんが、実際に投資をしている金額の数倍の資金で取引ができる（レバレッジをかける、という）金融商品もあります。それがＦＸ（外国為替証拠金取引）や先物取引というものです。ここではそういうものもある、ということだけ知っておけば十分でしょう。

●選ぶのが大変な株式投資

では、投資と聞いて最初に思い浮かぶであろう日本株への投資について見ていきま

(注33) 国債
国が発行する債券。そもそも債券は資金を借り入れた時に発行される借用証書の一種で、あり国債を買うことは国に一定期間お金を貸す、つまり国に投資をすることになる。国が発行する債券だけに定期的に金利がもらえたり、満期になると投資したお金が戻ってきたりなどの安心感がある。もちろん個人でも買うことが可能だ。

しょう。会社にはいくつかの種類があり、一般的なものは株式会社です。株式会社のうち、証券取引所で取引される会社が上場企業です。日本株に投資をする場合、基本的にはこの上場企業の株を売買することになります。それでは、ここでクイズです。

問題

2020年末時点でどれぐらいの会社が証券取引所(注34)に上場しているでしょうか?

1 約1850社
2 約3750社
3 約5850社

ちなみに、令和2年に国税庁が発表した「平成30年度分 会社標本調査」によれば、平成30年時点での日本国内に存在する法人数は約272万5000社です。この数字を見たうえで、もう一度クイズの選択肢をみると、正解がどれになったとしても、**上場企業は非常に少ない**ことがわかります。

(注34) 証券取引所
株式や債券の取引を行う場所。日本では東京、大阪、名古屋、福岡、札幌にある。メインの市場は本則市場といわれ、大企業などが厳しい基準をクリアして上場する。ベンチャー企業などの新興企業向けの市場もあり、そちらの上場基準は本則市場よりも緩くなっている。

では、クイズの答えはどうでしょうか？　日本取引所グループのホームページから上場企業の数は月次で見ることができますが、２０２０年末時点だと約３７５０社で②が正解ということになります。株式投資で初心者が最初につまずくのは、これだけの数の中から投資先を選ばなければいけないということです。ソフトバンクやトヨタ自動車は知っているかもしれませんが、ユニクロはファーストリテイリングという名前で上場しているし、知っている会社が良い投資先とも限らず、難しいことばかりです。

投資家が参考にしているものとして、東洋経済新報社が四季報という四半期ごとに発刊される分厚い書籍があります。これは、いってみれば日本株のカタログみたいな本で、全ての上場企業について業績や見通し、概況などが書いてあります。

どんな上場企業があるんだろう、と興味を持った人は一度購入して読んでみてもいいかもしれません。四季報マニアの個人投資家が持っている四季報は付箋やマーカーだらけで、ボロボロになっています。

●お手軽な投資対象を選ぼう

「投資したら儲かるかも！」と思える会社が見つかったとしても、１つの会社に投資をするのは危険です。仮にその会社が倒産したり、業績が悪化して株価が急落すると投資資産が一気に減ってしまうからです。

本書でも繰り返し書いていますが、将来何が起きるかは誰にもわからないのです。そこで、投資先を複数の会社に分散するべきなのですが、基本的に日本の株式は100株からしか投資できません。極端な例を挙げれば、執筆時点では任天堂の株価は6万5000円ぐらいですが、100株投資をしようとしたら、650万円ないと投資できないということになります。1社に集中投資すると危険だからといって、他にもいくつか投資をしようとするとさらに何百万円も投資資金がないといけないことになるのです。これだと株式投資で資産運用ができる人は限られてしまいますよね。

そこで、お手軽な投資対象としてお勧めなのが先にも触れた投資信託という金融商品です。投資信託とは自分のお金を運用会社にいる投資の専門家であるファンドマネージャーに運用してもらう代わりに、手数料を払う金融商品と考えてください。こちらも様々な種類があり、ネット証券では2500本以上の投資信託が用意されています。

投資信託のメリットの1つは小額から投資ができること。証券会社によっては100

円から投資も可能です。また、**少額でも投資先を複数に分散することが可能**ですし、投資先も国内外、株だけでなく債券や不動産、原油や金などの商品（コモディティ）など様々に用意されています。

たとえば、日本では確定拠出年金は任意で加入するものですが、アメリカやイギリスでは確定拠出年金は自動的に加入することになります。ただ、自動的に加入させられても、投資の知識がないからよくわからないという人はアメリカにもイギリスにもいます。そのような人たちはデフォルト商品に自動的に投資することになります。

デフォルト商品というのは何も指定しなければ、最初から自動的に選ばれている商品のことを指します。過去にはデフォルト商品は安全性の高いものだけが指定されていましたが、より中長期的な資産形成に向いている金融商品にしようという流れから、いまではいくつかの投資信託が選ばれています。

それぐらい、**投資信託は世界中で資産形成に適した金融商品だと認められている**のです。

3sho 08

分散、長期が投資のリスクを抑える

●リスクを徹底的に抑える

本書で繰り返し書いていることは、将来のことを正確に予測するのは不可能だということ。そして、投資にはリスクがつきもので、場合によっては投資元本を下回り、損をする可能性もあるということ。

これらは避けられない前提条件としつつも、リスクを徹底的に抑えることが投資で老後資金を作る秘訣です。

リスクを抑える1つの方法は前項目でも触れた通り、**投資先を分散する**ことです。1つの企業の株に集中投資をしてしまうと、仮にその会社が**粉飾決算**(注35)をしていたのが

(注35) 粉飾決算
会社の利益の状況が赤字であるにもかかわらず、不正な会計処理で黒字に見せて会社の信用を得ようとする行為。逆に税金逃れをしようと利益が出ていて黒字なのに赤字に見せかける行為は逆粉飾決算という。

発覚したり、名物社長が病気で急死してしまうなど、不測の事態が起きた時に自分の投資資産も一気に減ってしまいます。そこで、投資先の会社を1社ではなく複数に分散するわけです。

そして、もっと分散によるリスク低減効果を高めるのであれば、株だけでなく他の資産にも投資をすることをお勧めします。一般的に株と債券の値動きは逆になるといわれているので、株と債券に投資先を分散することは非常に効果的でしょう。

また、投資先の国や地域を分散することも重要でしょう。

たとえば、日本で大震災が起きたり、米国で同時多発テロが起きたり、欧州で暴動が起きたりするかもしれません。実際にこれらの出来事はこの20年で起こったことです。とにかく、投資では分散をすることでリスクを低減させるという感覚を持つことが大事です。

分散以外にも投資をする際の心持ちにもポイントがあります。それは**長期的な視点を持つ**ということです。

投資をすると、すぐに儲かったとか損をしたという結果ばかりを気にしてしまいますが、毎日売買を繰り返していると、ほとんどの人が損をします。実際の取引には手数料もかかりますし、儲かれば税金がかかりますから、よほど高いリスクリワードレシオ（135ページ参照）を実現していない限りは損をするのです。

だからこそ、10年、20年と長く保有して頻繁に取引をしないようにし、過度なリスクを取らないようにするべきだと思います。

●実際に投資をしていたらどうだった？

「リスクを抑える方法はわかったけど、投資をして本当に資産形成できるの？」

そんな声が聞こえてきそうです。

将来のことはわかりませんから、絶対に儲かるなどとはいえません。しかし、過去の実績を使って、「もしこうだったら、こうなっていた」という検証はできます。ただ、1年だけの結果を見ても特殊要因の影響が大きい可能性もあるため、2008年から2019年までの12年間を見てみましょう。

では、クイズからです。

問題

2008年から2019年までの12年間、日本株（TOPIX）（注36）に投資していた場合、平均年間リターンは何％だったでしょうか？

1 2・5％
2 6・1％
3 15・7％

（注36）TOPIX
東京証券取引所第一部上場全銘柄を対象として、算出・公表している株価指数。東証1部全銘柄が対象なので、日経平均株価（225銘柄）よりも市場全体の値動きを表しているといわれている。指数自体は1968年1月4日を基準日とし、当時の時価総額を100として算出されている。

ちなみに、先進国株式に投資をしていた場合、平均年間リターンは9・7％、先進国債券に投資していた場合は2・7％となっています。

では、クイズの答えはどうでしょうか？

次ページの図は株（日本株式、先進国株式、新興国株式）と債券（先進国国債、新興国国債）、リートと呼ばれる不動産投資信託（日本、米国）の7種類の資産の年間リターンの推移をまとめたものです。

年間リターンというと難しいかもしれませんが、1年間の騰落率と考えてください。全て通貨は円ベースに修正されています。

資産の年間リターン推移

	1位	2位	3位	4位	5位	6位	7位
2008年	先進国国債 -10.0%	新興国国債 -28.6%	日本株式 -40.6%	日本リート -48.6%	米国リート -49.5%	先進国株式 -51.6%	新興国株式 -62.0%
2009年	新興国株式 83.6%	先進国株式 34.2%	新興国国債 33.2%	米国リート 31.3%	日本株式 7.6%	日本リート 6.2%	先進国国債 5.2%
2010年	日本リート 34.1%	米国リート 11.6%	新興国株式 4.0%	日本株式 1.0%	先進国株式 -2.0%	新興国国債 -2.1%	先進国国債 -8.2%
2011年	米国リート 2.6%	新興国国債 1.7%	先進国国債 0.8%	先進国株式 -10.0%	日本株式 -17.0%	日本リート -22.2%	新興国株式 -22.5%
2012年	日本リート 41.0%	米国リート 35.0%	新興国株式 33.8%	新興国国債 32.5%	先進国株式 31.5%	日本株式 20.9%	先進国国債 14.7%
2013年	先進国株式 54.6%	日本株式 54.4%	日本リート 41.1%	米国リート 24.9%	新興国株式 18.6%	先進国国債 16.5%	新興国国債 15.0%
2014年	米国リート 45.5%	日本リート 29.7%	新興国国債 22.1%	先進国株式 19.9%	先進国国債 13.1%	新興国株式 11.6%	日本株式 10.3%
2015年	日本株式 12.1%	米国リート 3.2%	新興国国債 1.5%	先進国株式 0.0%	先進国国債 -3.3%	日本リート -4.8%	新興国株式 -14.3%
2016年	日本リート 9.9%	新興国株式 8.6%	新興国国債 7.2%	米国リート 5.7%	先進国株式 5.2%	日本株式 0.3%	先進国国債 -1.2%
2017年	新興国株式 32.7%	日本株式 22.2%	先進国株式 18.6%	新興国国債 6.2%	米国リート 4.7%	先進国国債 3.6%	日本リート -6.8%
2018年	日本リート 11.1%	先進国国債 -3.5%	米国リート -6.6%	新興国国債 -6.8%	先進国株式 -10.6%	日本株式 -16.0%	新興国株式 -16.5%
2019年	米国リート 27.4%	先進国株式 27.1%	日本リート 25.6%	日本株式 18.1%	新興国株式 17.7%	新興国国債 13.9%	先進国国債 4.9%

(注)：日本株式はTOPIX、先進国株式はMSCI World Index、新興国株式はMSCI Emerging Markets Index、先進国国債はFTSE World Government Bond Index、新興国国債はJ.P.Morgan EMBI Global Index、日本リートは東証REIT指数、米国リートはS&P米国REIT指数（配当込み）を使用。
(出所)：J.P.モルガン・アセットマネジメント「GuidetotheMarkets|Japan|1Q2020」のデータをもとに株式会社マネネが作成。

正解は②の6・1%です。現在の銀行の利子率（0・001%）を考えれば1年で6・1%とは魅力的ですよね。

ただ、ここで感じて欲しいのは投資が魅力的であるということだけではありません。資産ごとに色分けしていますが、毎年ランキングがバラバラなことがわかります。

つまり、どの資産が一番値上がりするかなんて誰にもわからないということです。だからこそ、分散をしておくことで、投資資産の値段の変動を抑えることができるのです。

●機械的に長期・分散投資をする方法

リスクを抑える方法は他にもあります。それは**機械的に投資を続けること**です。投資にはどうしてもお金がからんでしまうため、ついつい感情的になりがちです。

まだ投資をしたことのない人はゲームを考えてみればわかるかと思います。勝っている時は調子に乗って強気になり痛い目を見たり、負けが込むとついつい熱くなってしまい、さらに傷口を広げてしまったりということがあるでしょう。基本的に投資も同じです。

そこで、感情を排除して機械的に投資をしましょうというのが、次に紹介する投資方法になります。次ページの図は３種類の投資方法を表したものです。

上がったとか下がったという株価の変動は関係なく、毎月同じ「金額」で購入する「定額購入法」、毎月同じ「株数」で購入する「定量購入法」、一括で投資する「一括投資法」の３つです。

この例でいうと、**定額購入法が最もパフォーマンスが良い**のが見てわかると思います。この定額購入法を「ドルコスト平均法」とも呼び、感情を排除して機械的に投資をする際に最もよく使われる投資手法です。

ネット証券であれば、一度「つみたて投資」の設定をすれば、指定した日に毎月、指定した金額で、指定した投資信託を買いつけてくれますので、株価の動きを気にすることもなく、淡々と投資ができるのでお勧めです。

株価の推移と購入法の比較

		1か月	2か月	3か月	4か月	合計	平均購入単価
株価の動き		1,000円	1,500円	500円	1,000円		
定額購入法	購入株数	10株	6.7株	20株	10株	46.7株	1株あたり
	購入額	10,000円	10,000円	10,000円	10,000円	40,000円	856.5円
定量購入法	購入株数	10株	10株	10株	10株	40株	1株あたり
	購入額	10,000円	15,000円	5,000円	10,000円	40,000円	1,000円
一般投資法	購入株数	40株	—	—	—	40株	1株あたり
	購入額	40,000円	—	—	—	40,000円	1,000円

（出所）：著者作成。

COLUMN

いったい、いつから預けても増えない時代になったの?

低金利時代の突入はいつから?

銀行に預けても全然金利がつかないという話はこれまでもしてきました。しかし、30年ほど前は定期預金に預けているだけでも10年で2倍になるぐらい金利が高かったという、もはや都市伝説のような話も聞きます。

では実際に、日本銀行が発表している定期預金の金利推移を長期間で見てみましょう。1993年10月からのデータしか取得できないため、10年で2倍になるような高い金利は確認できませんが、2%を超えていた時期があったことは確認できます。

そして、1995年に一気に金利が下がり、2000年に入るころには金利がゼロ近辺にまで落ち込みました。その後は2007年前後に0・5%付近まで金利が上昇する場面もありましたが、2009年以降は再びゼロ近辺で推移しています。

定期預金金利の推移

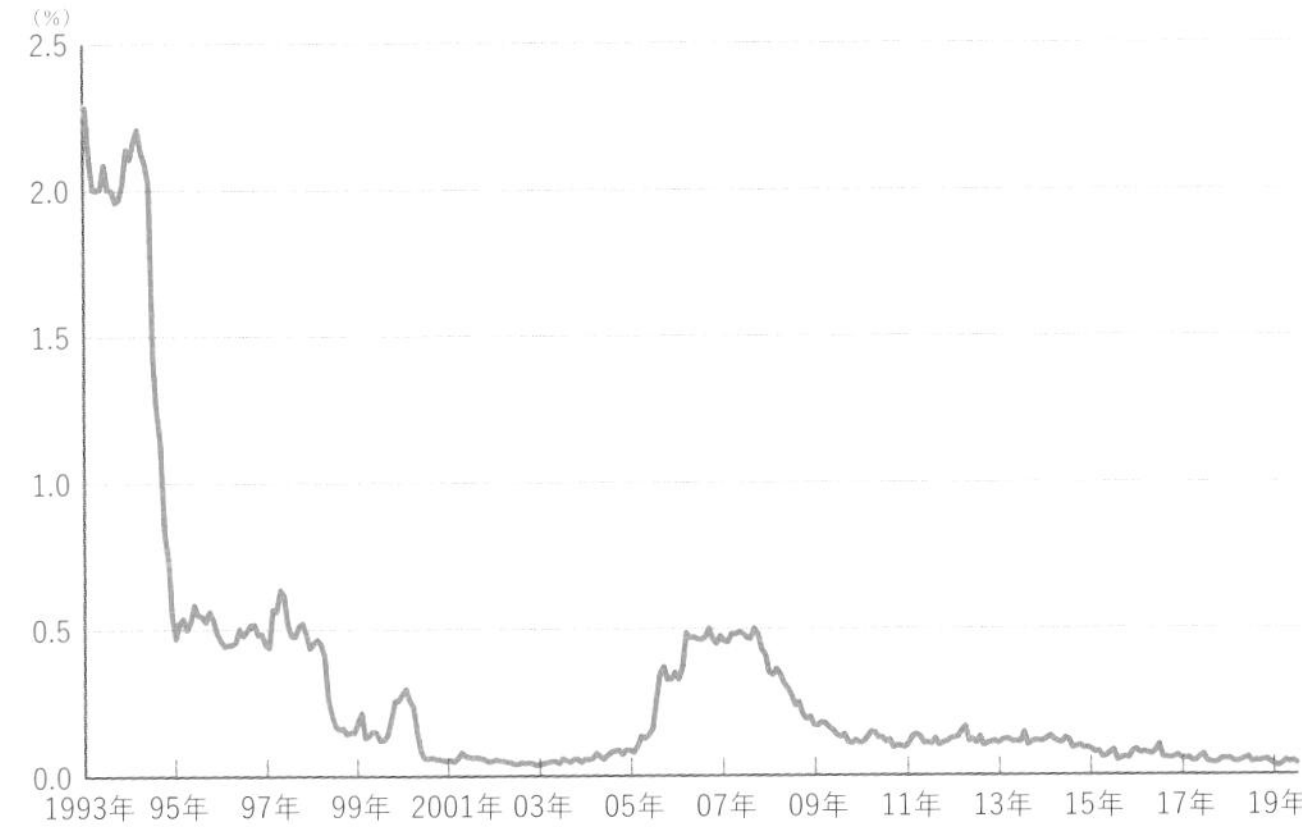

（出所）：日本銀行のデータをもとに株式会社マネネが作成。

預金金利には日本銀行の金融政策が大きく影響していますので、ここで日本銀行がどのような金融政策をとったかを確認しましょう。

金融危機などで低迷していた景気に対して、それまで実施していた財政出動だけでは不十分と判断し、1999年2月、日本の中央銀行である日本銀行が短期金利をほぼゼロ％に誘導する**「ゼロ金利政策」**の導入を決定しました。上の図を見ればわかる通り、実際には金利はゼロにはなっていませんが、かなりゼロに近い水準まで落ち込んでいるのは見て取れます。翌年にはゼロ金利政策は解除されたのですが、再び景気が悪化したため、2001年3月にはまた金融緩和をしてゼロ金利状態になりました。5年後の2006年までその状態は続いたものの、再び解除したところで、今度はリーマンショックが起こり、今度はもっと強力な金融緩和をすることになりました。

不運なことに、その後も東日本大震災や二度の消費増税（2014年4月：5％→8％、2019年10月：8％→10％）、そして今回の新型コロナウイルスの感染拡大などが続き、未だに日本銀行は金融緩和をやめることができず、結果として銀行の金利もゼロに近い状態が長期間にわたって続いているのです。

日本は現状を打破できるのか？

日本では、ひたすら金融緩和が行われ、その都度、「異次元」や「歴史的」などといわれていますが、なかなか事態は改善しません。

ではなぜ、日本銀行はひたすらに金融緩和を行うのでしょうか？ それは**日本銀行が物価の安定を目標としているからです。**

日本銀行法では、日本銀行の金融政策の理念を「物価の安定を図ることを通じて国民

消費者物価指数の推移

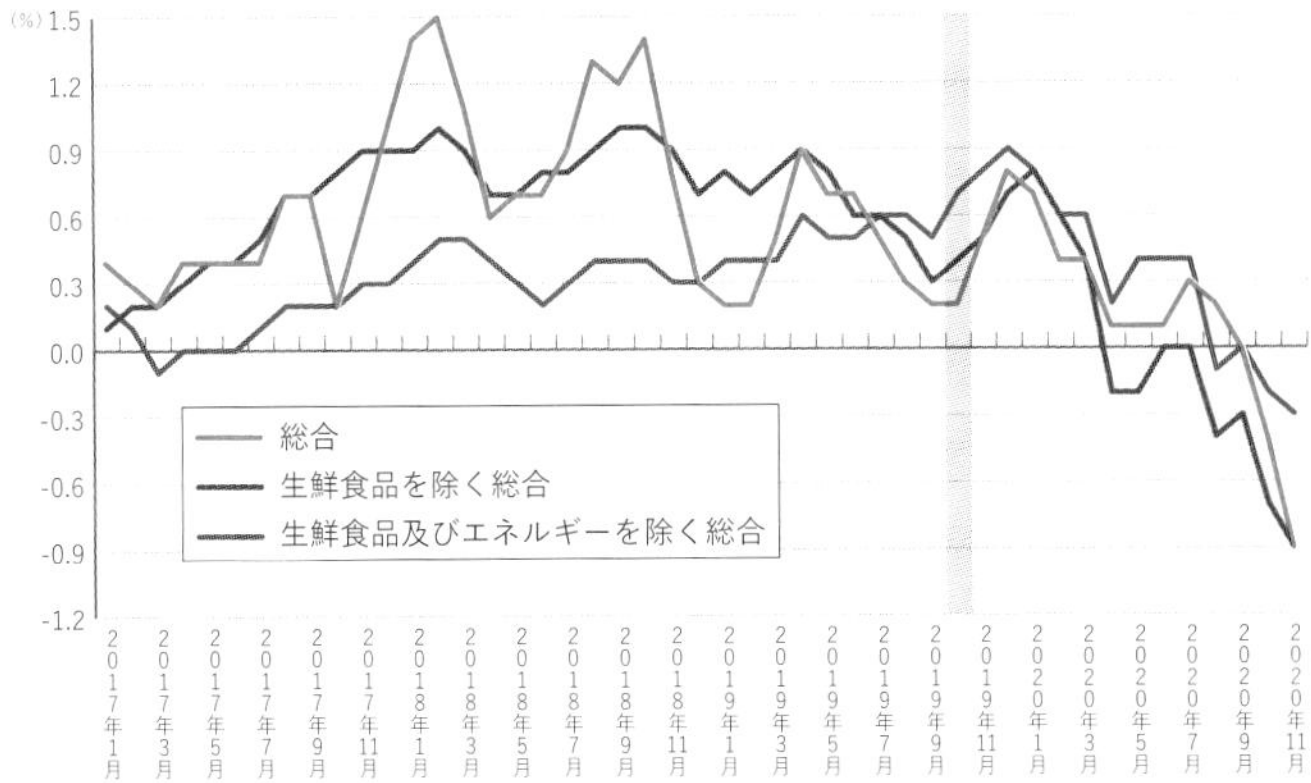

(注)：網掛け部分は消費増税のタイミング。
(出所)：総務省「消費者物価指数」のデータをもとに株式会社マネネが作成。

経済の健全な発展に資すること」としています。２０１３年１月に、「物価安定の目標」を消費者物価の前年比上昇率２％と定め、これをできるだけ早期に実現するという約束をしていました。しかし、これがなかなか達成できずにいるのです。

上図はここ数年の物価の推移をグラフにしたものですが、むしろ足元では前年同月比でマイナスとなっており、目標達成から遠ざかっている現状がわかります。

従来は景気が悪くなると中央銀行が金利を下げれば、企業や個人が借り入れをして投資や消費をするようになり景気が浮揚し、逆に景気が過熱してきたら金利を上げるという考え方のもとに金融政策はとられていましたが、現実にはどれだけ金利を下げても、なかなかお金を借りて投資や消費をしてくれないという現実があったのです。

預金の話をした際に、これまでは外から持ち込まれた預金を原資に貸し出しに回すといわれていたのに、実際には銀行は貸し出しの記録をつけるだけで預金が発生するという話を紹介しました。

このように、これまで常識だと思われてきたことが、実は違うということがお金の世界でも多発しているのです。まさに天動説と地動説の話のようですね。

4章

最新のお金について教えて

4sho 01

電子マネーってどうなってるの？

●電子マネーについて詳しく知ろう

2019年10月の消費増税実施の際にキャッシュレス決済をするとポイント還元されるという施策も同時に実施されました。

その際にキャッシュレス事業者各社が大幅なポイント還元キャンペーンをしたこともあり、最近はスーパーやコンビニでレジに並んでいても、キャッシュレス決済をしている人を見かけることがずいぶんと増えました。

一言にキャッシュレス決済といっても、実はいくつかの種類に細分化されます。昔からあるクレジットカードもキャッシュレス決済なのですが、ここでは電子マネーについて見ていきましょう。

電子マネーは現金をデジタル化して、オンライン上で決済を完結するのが特徴です。スマホアプリやカードにチャージしてから使用する「**プリペイド型**」や、使用金額を後払いする「**ポストペイ型**」など複数の種類があります。

クレジットカードはポストペイ型で、カード会社による**与信審査**（注37）があるのに対して、電子マネーは会員登録や身分確認だけで使用開始できることも特徴の1つです。

こんなにある電子マネーの種類

電子マネーといっても様々な種類があります。

1つ目はSuicaやPASMOなどの交通系ICカードが代表的な交通系と呼ばれるものです。元々は切符などを買う手間を省くために利用されていましたが、最近はコンビニや自動販売機でも使えます。

2つ目は流通系と呼ばれるもの。これはスーパーやコンビニで使える電子マネーで、nanacoや楽天Edyが代表的なものです。特徴としてはポイントが貯まるということでしょう。

（注37）与信審査
お金を貸す際に相手に返済能力があるかどうかを審査すること。クレジットカードの利用枠を決める場合は、利用者に年収を申告してもらい、そこから家賃などの生活維持費と、他社も含めたカードの年間支払い予定額を差し引いて、支払い可能な額を算定する。

3つ目は**クレジットカード系**です。こちらはクレジットカードと紐づける（連動している）ため、お金をチャージする必要がありません。使用した分は後日、クレジットカードの使用額と合わせて請求されます。

そして、最後が**QRコード決済系**です。Paypayやau PAYなどが代表的なものです。レジで店員さんに自分のスマホに表示されたQRコードを読み取ってもらったり、レジに置いてあるプレートに印刷されたQRコードを自分のスマホのカメラで読み取ったりして支払いをします。

これらのQRコード決済のなかには個人間送金機能（個人同士でお金をやり取りできる機能）があることも多く、飲み会などで割り勘（1人でなく複数人で支払うこと）する時に使う人も多いでしょう。

●伸びている支払い手段とは？

さて、簡単ではありますが、電子マネーのしくみや種類を見てきました。本書を読んでいるのが10代、20代の方であれば、特に違和感もなくすんなりと入ってきたかもしれませんが、30代以降はまだキャッシュレス決済、特にQRコード決済系には馴染みがないという人もいるかもしれませんね。

かくいう私もキャッシュレス決済といってもクレジットカードがメインで、たまに交通系を使う程度です。なかなかQRコード決済は慣れません。

それでは、ここでクイズです。

問題

2019年、日本における家計の最終消費支出（モノやサービスなどを買う際の支払い）のうち、電子マネーで支払われた割合は何%でしょうか？

1 1・9%
2 12・9%
3 24・0%

ちなみに、キャッシュレス決済の中で最も歴史が浅いのはQRコード決済ですが、QRコード決済の利用金額（クレジットカード利用分及びクレジットカードチャージ分等を除く）は、2018年から2019年にかけて約6倍にまで伸びています。

キャッシュレス決済比率の内訳の推移

年	2014	2015	2016	2017	2018	2019
クレジット	15.40%	16.50%	18.00%	19.20%	**21.90%**（+2.7%）	**24.00%**（+2.1%）
デビット	0.15%	0.14%	0.30%	0.37%	**0.44%**（+0.07%）	**0.56%**（+0.12%）
電子マネー	1.30%	1.50%	1.70%	1.70%	**1.80%**（+0.1%）	**1.90%**（+0.1%）
QR コード	—	—	—	—	**0.05%**	**0.31%**（+0.26%）
計	16.90%	18.20%	20.00%	21.30%	**24.10%**（+2.8%）	**26.80%**（+2.7%）

（出所）経済産業省『キャッシュレス決済の中小店舗への更なる普及促進に向けた環境整備検討会　第二回資料』。

では、クイズの答えはどうでしょうか？

正解は①の1・9％となります。そんなものか、と思うかもしれませんが、キャッシュレス決済をクレジットカード、デビットカード、電子マネー、QRコード決済の4つに分けると、クレジットカードの次に使用率が高いのは電子マネーということになります（上図参照）。

現在、私はキャッシュレス企業でCOO（最高執行責任者）を務めていますが、現在のキャッシュレス決済にはまだ不便な点や改善点があり、そこを改良するために開発を進めています。これからさらに利便性が高い機能が追加されていくことで、電子マネーやQRコードの使用率はどんどん伸びていくことでしょう。

金融教育には現金のほうがいい?

経済産業省が2018年4月11日に「キャッシュレス・ビジョン」を公表しましたが、そのなかで**大阪・関西万博**(注38)が開催される**2025年までにキャッシュレス決済比率を40%とする目標を設定したうえで、将来的には世界最高水準の80%を目指すとした「支払い方改革宣言」が提示されています。**

先程も書いたようにこれからはキャッシュレス決済による支払いが年々増加していくと思います。利便性が高いだけでなく、国が後押しをするわけですから、この流れは変わらないでしょう。

そこで、質問として出てくるのが、「子どもに金融教育をする場合、キャッシュレス決済よりも現金のほうがいいのか?」というものです。

私がこの質問をよく受けた時は、3人の子どもが全員未就学児(6歳、4歳、2歳)でしたので、私は現金のほうが良いと回答していました。

(注38) 大阪・関西万博
正式名称は2025年日本国際博覧会。「いのち輝く未来社会のデザイン」をテーマに2025年4月13日~10月13日の間、大阪市の夢の島地区で行われる。想定入場者数は約2800万人、経済波及効果は約2兆円と試算され、関西経済の起爆剤と期待されている。

実際、我が家ではお小遣いを現金であげており、私の目の前で3人とも豚の貯金箱にお小遣いを入れます。

まだ桁数が大きい数字の足し算や引き算ができないうちは貯金箱の重さという物理的な感覚で、お金が貯まってきたとか、使ったら軽くなってしまったといったお金の増減を感じていたようで、いまでも現金であげておいてよかったと思っています。

しかし、子どもがスマホを使いこなすような年齢、たとえば小学校高学年ぐらいになってきたら、キャッシュレスに移行してもいいと思います。

キャッシュレスはいくら使ったなどの使用履歴などがデータとして残るので、自動的に家計簿をつけることにもつながり、自分のお金の流れを可視化して理解できるようになることで、金融リテラシー（お金に関する知識）を高められると考えています。

4sho 02

紙のお金はなくなるの？

●電子書籍が世に出た時の話

日本でもキャッシュレス化が進んできている中で、よく聞かれることがあります。

それは、「紙のお金はなくなるの？」ということです。

私はこの質問を受けると、いつも「この先、数十年は紙のお金は残り続けると思う」と答えています。どうも極論が好きな人が多いようで、キャッシュレス化が進むと紙のお金は消えるというシナリオを好む人が必ず出てくるのですが、そのような人を見ていると、まるで電子書籍が世に出てきた時と同じ感覚に襲われます。


当時はテレビや新聞、雑誌などから徐々にインターネットに広告費が流れ始め、ついに書籍もタブレットで読む時代がきたということが声高に叫ばれていた時期でした。その時も紙媒体は消えて、全て電子化されるという意見を多く目にしました。しかし、あれから10年以上が経っていますが、未だに私たちは紙媒体が多く存在している世界に住んでいます。それでは、ここでクイズです。

問題

2019年における日本の広告費について、テレビとインターネットそれぞれに投下された広告費の組み合わせとして正しいのはどれでしょうか？

1 テレビ…約1・8兆円、インターネット約2・1兆円
2 テレビ…約2・5兆円、インターネット約4・3兆円
3 テレビ…約3・5兆円、インターネット約1・2兆円

同世代と話をしていても「最近はテレビを見なくなった」という声はよく聞きますし、大学生と話をすると、ＹｏｕＴｕｂｅやＴｉｋＴｏｋ、インスタグラムは見るけれど、テレビは見ないという話も聞きます。しかし、依然としてテレビの影響力はすごいと実感することも多々あります。

広告費の推移

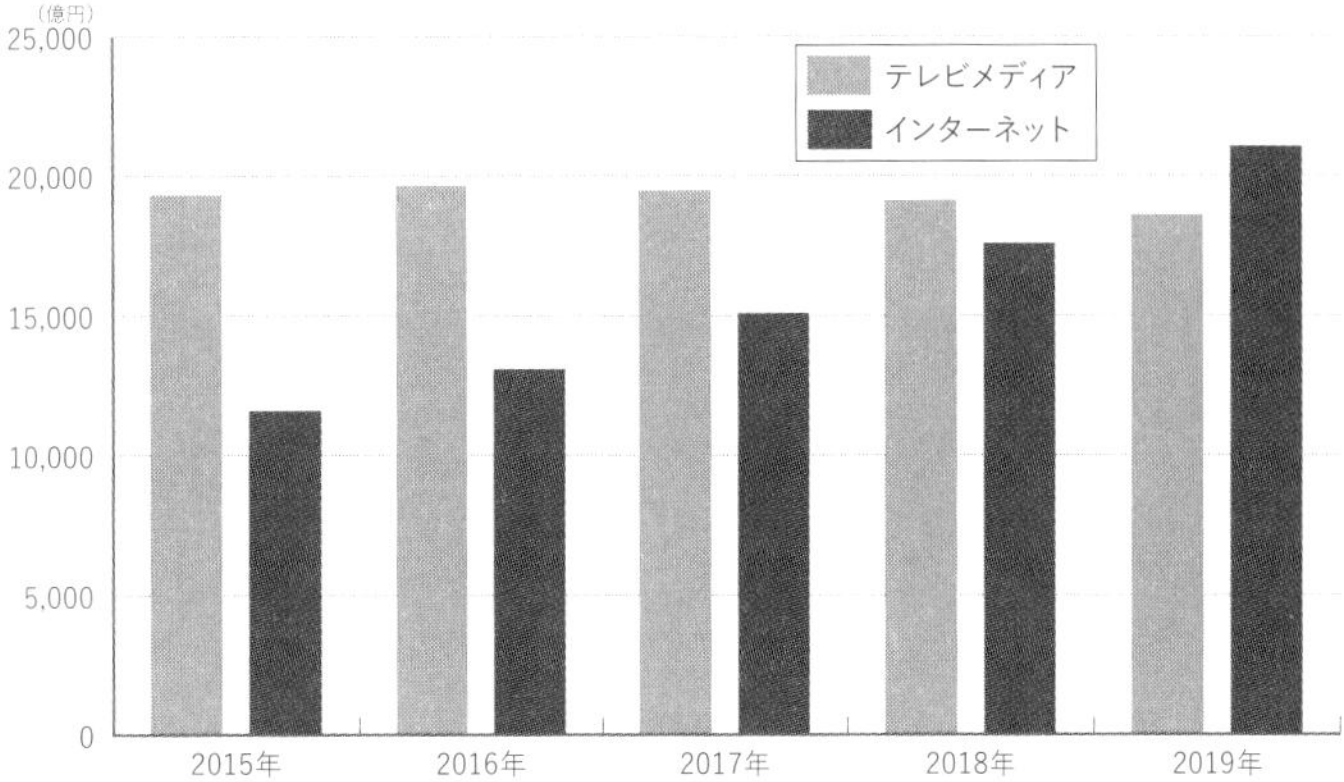

（出所）：電通「日本の広告費」のデータをもとに株式会社マネネが作成。
（注）：2019年インターネット広告費には2019年から追加推定の「物販系ECプラットフォーム広告費」1,064億円も含む。

たとえば、YouTube番組に出ても特に誰からも連絡はきませんが、地上波だと1分程度のVTRに出ただけでも瞬時に多くの方から連絡がくるのにはいつも驚きます。

さて、クイズの答えはどうでしょうか？

上のグラフを見てもわかるように、正解は①となります。僅差ではありますが、インターネットのほうが広告費が多いのです。

実は2019年、初めてインターネットへ投下された広告費が2兆円を超え、テレビへ投下された広告費を超えたという歴史的な1年でした。

インターネットへの広告費がテレビを超

えたという話があったものの、一方ではテレビにも同じような金額の広告費は投下されており、やはり新しいものが出てくると古いものはこの世から消えてしまうという極端な考えは誤っていて、実際にはしばらくの間は共存していくのです。

●すごく叩かれたけれど……

さて、少し話がそれましたが、私がキャッシュレス決済が普及しても紙のお金も当面の間は残り続けるという話をすると、次に聞かれるのは「なぜ日本は諸外国と比べてキャッシュレス化率が低いのか？」ということです。

私はあるインタビューで「それは日本のお金がキレイだからじゃないですか？」と答えました。もちろん、それ以外の理由も答えましたが、この部分が目立ったようで、SNSでは「アナリストのくせに、そんな回答があるか！」というお叱りの声もいただきました。しかし、意外と的外れではないと思っています。

インドネシアに駐在していた時にはルピアという現地通貨を使っていました。ベトナムで仕事をしていた時はベトナムドンという現地通貨を使っていました。これらの通貨は共通して桁数が大きく、小さい桁数のお札ほど、非常に乱雑に扱われていました。それゆえに、タクシーに乗ったり、裏通りにある屋台で買い物をしたりすると、端数のお釣りはもらわなかったり、そもそもくれなかったりしたものです。どれぐらい汚いかというと、日本だと使用できないレベルでクシャクシャになっていますし、物理的にも汚れています。こういう国では現金を持っていたくないから、電子マネーが使えるようになればみんな電子マネーを優先して使うようになるだろうな、と当時から思っていました。また、外国のお金の汚さを見て、日本人がいかに丁寧にお金を使っているかも知りました。

　インタビューが世に出てから1年ほどして、新型コロナウイルスの感染拡大によって、キャッシュレス決済を選好する人が増えたというニュースを見ました。この時に思いました。「ほら、間違っていなかったじゃないか」と。やはり、**触りたくないという気持ちがキャッシュレス化を推進する1つのインセンティブになっていた**のです。

4sho 03

なぜ人は詐欺に引っかかってしまうの？

●詐欺に引っかかる人は想像以上に多い

「詐欺なんか引っかかる人が悪い」という自己責任論をよく聞きます。たしかに、それは否定できませんが、そもそも詐欺をする人が悪いという大前提は忘れないようにしましょう。

詐欺の被害にあった人たちに取材をしていて大変興味深かったのは、**全員が「自分はある程度は知識があるから大丈夫」と思っていた**、ということです。おそらく、本当に知識がないと、持ちかけられた詐欺話がお得なのかどうかすらわからず、とりあえず怪しいから見送るという判断になることが多いようです。一方で多少の知識があると、最初は怪しむものの、百戦錬磨の詐欺師たちは完璧な想定問答にもとづいて流暢に説明をするため、逆に信頼できると思ってしまい、引っかかるということでした。

では、日本における詐欺の被害はどれほど甚大なのでしょうか?

ここでクイズを出してみましょう。

問題

2019年における特殊詐欺の被害総額はいくらでしょうか?

1 約15億円
2 約50億円
3 約300億円

ちなみに、警察庁によれば、特殊詐欺とは、犯人が電話やハガキ(封書)等で親族や公共機関の職員等を名乗って被害者を信じ込ませ、現金やキャッシュカードをだまし取ったり、医療費の還付金が受け取れるなどといってATMを操作させ、犯人の口座に送金させる犯罪(現金等を脅し取る恐喝や隙を見てキャッシュカード等をすり替えて盗み取る詐欺盗〈窃盗〉を含む)のことです。

特殊詐欺の被害総額の推移

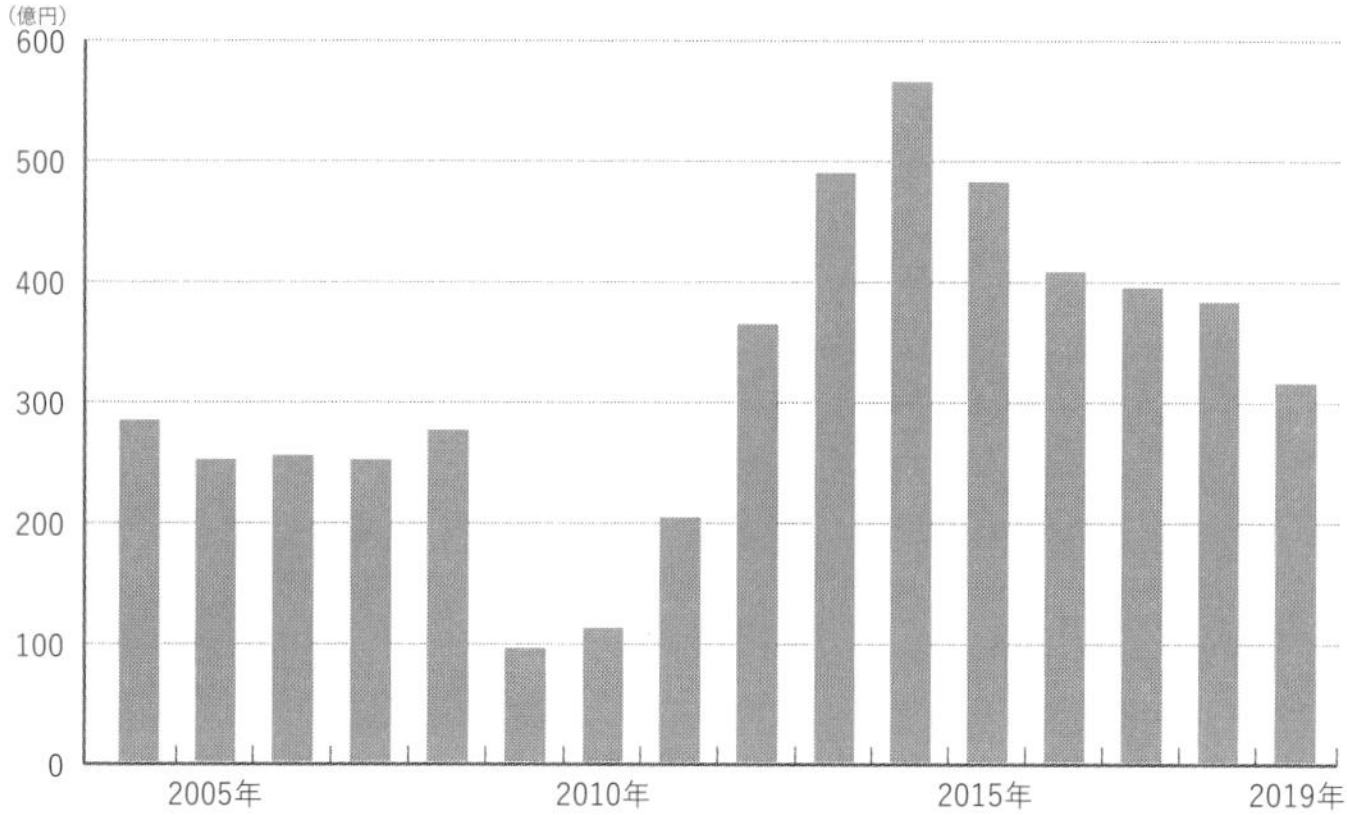

（出所）：警察庁「特殊詐欺認知・検挙状況等について」のデータをもとに株式会社マネネが作成。

警察庁は２０２０年から、特殊詐欺の手口について「オレオレ詐欺」や「**還付金詐欺**(注39)」など10種類に分類しました。

では、クイズの答えはどうでしょうか？

上図は警察庁が発表している「特殊詐欺認知・検挙状況等について」のデータをもとに作成したものになります。正解は③の約３００億円です。

２０１４年以降は被害総額が減少傾向にありますが、それでも1年間で３００億円以上も被害総額があることに驚きませんか？　ほとんどが個人を対象にした詐欺ですから、１件あたりの被害総額はそこまで大きくはありません。それが積み上がった

(注39) 還付金詐欺
公的機関の職員になりすまして電話をかけ、「保険料を払いすぎていますから返金します」などといい、無人のＡＴＭに誘導して、携帯電話で指示をしながら被害者が気づかないまま犯人側の口座に現金を振り込ませる手口。大阪府警のＨＰでは『ＡＴＭで保険料や医療費などを返金します』は全て詐欺です」といい切っている。

結果として被害総額が300億円を超えるわけですから、どれだけ多くの方が被害にあっているのかがわかります。

●「絶対」は絶対にない

私はこれまでいろいろな詐欺の話を見聞きしてきました。

喫茶店で詐欺師たちがしゃべっている話を聞いたこともありますし、私自身にも商材の勧誘の電話やメールがくることもあります。

また、学生向けに金融詐欺の話をしている風景を取材にきたテレビ局の撮影班に、彼らが密着取材した詐欺集団のVTRを見せてもらったこともありました。

その度に驚かされるのが詐欺集団の引き出しの多さです。

わかりやすいのは株やFXで絶対に儲けられるようになる商材やセミナーというものですが、なかにはカブトムシの養殖案件というものもありました。

ただ、いずれの話も共通する点があります。それは「絶対に儲かる」という決まり文句が使われることです。

「もしかすると損をするかもしれない」といってしまうと相手に不安に思われるので、そのように断言をするのでしょう。

しかし、矛盾するようなことをいいますが、「絶対」は「絶対」にあり得ません。**本当に「絶対」儲かるのであれば、逮捕されるリスクを取ってまで詐欺をする必要はありません。**

なぜなら、自分でその方法で投資をしていれば勝手に億万長者になれるわけですから。

「絶対」に「絶対」はない。

儲け話を持ちかけられて「おかしいな」、「おいしすぎる話だな」と思ったらこのことを思い出してください。

4sho 04

副収入ってどんな収入？

●副業（複業）や投資で稼ぐ

世の中の多くの人は会社で働き、その対価として給料をもらっています。しかし、昨今は副業を認める会社も増えつつあり、1つの会社からだけ給料をもらうのではなく、複数の会社から給料をもらう人も増えてきています。また、株式や不動産に投資をして、配当金や家賃収入を得ている人もいます。

このように、本業で給料をもらいながらも、同時に副業や投資によって稼いで得る収入のことを副収入と呼びます。具体的なイメージが湧かない人のために、私の知人のケースをいくつか紹介しましょう。Aさんは元々、デザイナーとしてウェブサイトのデザインなどの仕事を手掛けていました。しかし、スマホ向けアプリやウェブサイトの開発ができたほうが給料が上がるということで、デザイナーをしつつ開発に関する知識を独学で身につけ、数年後にはエンジニアとしてウェブサイトの開発会社に転職をしました。仕事にも慣れ始めて、時間もうまく調整できるようになったころ、今度は個別に簡単なデザインの仕事を頼まれることが増えてきたため、会社に申請したうえで個人事業主としてデザインの仕事を副業にしました。

Bさんは上場企業に勤めている会社員ですが、過去に外資系の金融機関に勤めており、その際にもらった多額のボーナスを不動産投資に充てました。現在は会社から給料をもらいつつも、投資をした不動産からあがってくる家賃収入も毎月銀行口座に振り込まれています。そして、その不動産投資のノウハウを有料メルマガとして販売し、さらに収入を得ています。

●日本の副業ワーカーはどれぐらい？

では、実際に日本ではどれぐらいの人が副業をしているのでしょうか。

副業マッチングサービス最大手のランサーズが発表した『フリーランス調査２０２０

年版』によれば、日本のフリーランス人口は1034万人となっています。

また、そのフリーランスには4種類あるとされ、その内訳も発表されています。

常時雇用されているが、副業としてフリーランスの仕事をこなす「**副業系すきまワーカー**」が409万人。

雇用形態に関係なく2社以上の企業と契約ベースで仕事をこなす「**複業系パラレルワーカー**」が281万人。

特定の勤務先はないが独立したプロフェッショナルである「**自由業系フリーワーカー**」が56万人。

個人事業主・法人経営者で、1人で経営をしている「**自営業系独立オーナー**」が289万人。


ここで取り上げる副業は①の「副業系すきまワーカー」ですが、「いまもらっている給料より、もう少しお金が欲しい……。会社の許可さえあればやってみたいな……」そんなふうに思っている人は多いことでしょう。

それでは、ここでクイズです。

問題

副業系すきまワーカーが副業で得ている平均年収はいくらでしょうか？

1 38万円
2 63万円
3 116万円

ちなみに、副業系すきまワーカーの性別を見てみると、男性が60％、女性が40％とそこまで性別によって偏りがあるわけではありません。しかし、**年齢構成比を見てみると20代、30代が半分近くを占めており、比較的若い人たちに浸透していることがわかります。**

では、クイズの答えはどうでしょうか？　正解は②の63万円です。この数字を見て、意外と「稼いでるんだ」と思った人が多いのではないでしょうか？

それはそうでしょう。国税庁が発表した「令和元年分 民間給与実態統計調査」によれば、給与所得者の1人当たりの平均給与は436万円ですから、副業で得られる収入の63万円は大体2か月程度の所得が増えていることになるのです。

フリーランスの4つのタイプ

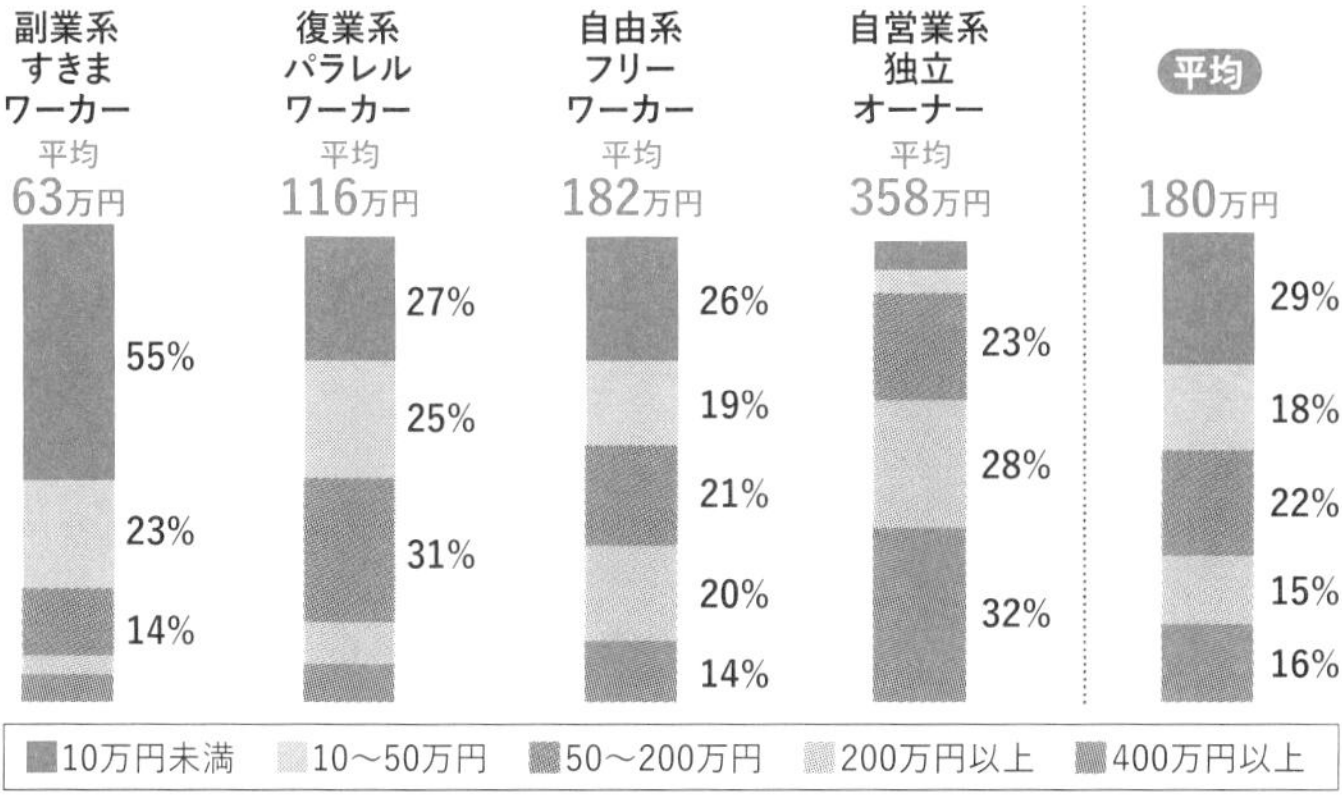

※構成比は四捨五入しているため必ずしも100になるとは限らない。フリー年収値は、フリーランスとして得た年収のこと。
（出所）：ランサーズ「フリーランス実態調査2020年版」。

安易な決断は避けたほうがいい

この数字を見て、自分も副業を始めようと思った人もいるかもしれません。しかし、安易な決断は避けたほうがいいでしょう。なぜならデータを読み解く際に、平均値という考え方は非常に便利なものですが、時として事実を大きく見誤る可能性もあるからです。上の図を見てください。たしかに「副業系すきまワーカー」の平均年収は63万円です。しかし、**全体の55％は10万円未満**です。一部の「副業系すきまワーカー」が多く稼いでいるため、結果として平均値が引き上げられているだけで、データから読み取れる事実は**副業をしたところ**

で半分以上の人は10万円も稼げないということです。

10万円でも余分に稼げるならいいじゃないかと思うかもしれませんが、私の周りには安易に副業を始めて後悔している人もいます。

副業とはいえ、お金をもらって仕事をする以上、仕事の依頼主からすればそれが本業か副業かは関係なくしっかりと結果を求められます。副業だから適当にやっていいという依頼主などいないでしょう。

こうなると本業もしっかりとやりつつ、副業にもリソース（時間と労力）を割かないといけません。本業がヒマだから副業を始めたものの、副業で仕事を受けた瞬間に本業が忙しくなるということもあります。

その結果、本業の仕事の質が下がり、給料を上げてもらえなかったなどということも起こり得ます。副業という選択肢を持つこと自体は素晴らしいのですが、**本業があっての副業であるということを頭に入れつつ、自分が将来どのように収入を得ていきたいかを考えながら、日々の仕事に取り組むことが大切**といえるでしょう。

COLUMN

不労所得はアイデア勝負？

何もせずにお金を得るわけではない

長いこと会社員をやっていると、「不労所得」という言葉に魅力を感じるようになるものです。これは読んで字のごとく、労力をともなわない所得、働かずに入るお金のこと。毎朝、満員の通勤電車に揺られ、職場では上司に気を使いながら、ノルマの達成に励み、夜は付き合いで飲み会に参加し、フラフラになりながら深夜に帰宅。仮に、このような会社員生活をしている人であれば、働かなくてもチャリンチャリンとお金が入ってくる不労所得という言葉は羨ましくて仕方がないでしょう。

しかし、実際に不労所得を生み出すためには努力する必要がありますし、それなりの作業も発生します。

では、そもそも「不労所得は何か？」ということから確認していきましょう。一般的に不労所得は株式投資の結果得られる配当、不動産投資の結果得られる家賃収入などを指します。たしかに、一度投資してしまえば、あとはチャリンチャリンとお金が入るように思うかもしれません。しかし、その投資をするための原資（元手となるお金）を稼がなくてはいけませんし、投資の知識をつけなくてはいけません。何も知識がないまま投資をすれば、むしろ損をしてしまうということもあり得るからです。

また、土地や家を持っている人は別の不労所得を生み出す方法があります。たとえば、土地が余っているなら駐車場やイベントスペースとして貸し出したり、自動販売機を設置することもできます。また、家があれば屋根に太陽光発電のパネルを設置して売電することも可能です。

いずれにしても、株や不動産投資で不労所得を生み出すためにはある程度のまとまったお金や土地などの資産が必要なのです。つまり、羨ましいからといって準備もせずに誰もがすぐに不労所得を生み出すことはできないのです。

元手がなくても稼げる方法

しかし、インターネットが普及し、様々なサービスを無料、または低価格で利用できるようになった**現在では不労所得を生み出すために資産が必要という時代は終わりました。**私の周りでも不労所得を生み出している知人は多くいます。たとえば、アフィリエイトで稼ぐ場合は以下のようなしくみです。投資に関するサイトを作成し、そこに投資関連の記事をどんどん掲載していきます。

投資未経験者向けに専門用語の解説や、投資の始め方などの記事をメインにどんどん掲載していくわけです。そうすると、投資を始めてみようと思い、「投資 始め方」などのキーワードで検索した人たちがサイトを訪れます。そこに、いくつかの証券会社の口座開設のリンクを設置しておくのです。サイトに訪れた1人がリンクをクリックしてAという証券会社で口座を開設したら、後日A社が提携しているアフィリエイト会社からサイトを運営している人へ報酬が支払われる、というしくみです。

または、自分が専門的な知識を持っている場合は、その知識を活かした記事を書き、それ自体をネット上で販売することも可能です。

昔であれば本を出版して、売れた本の価格の数%を印税として受け取るという方法が一般的だったと思いますが、最近ではむしろ出版の依頼を断り自分でネット販売をする人が増えているほどです。

実際に私の知人でSNSのフォロワーが多く、専門的な知識をもとに情報発信している人がいますが、多くの出版社から「書籍を出しませんか?」というオファーを受けていました。しかし、彼はその全てを断って自分で記事を書き、ネット販売していました。

せっかくだから、名前を売る意味でも出版すればいいじゃないかと私がいったところ、「書籍の場合は印税として売上の10%が振り込まれる。ネットで売れば全額が売上になる」というのです。つまり、手取りで考えると、販売金額が同じであれば書籍で10万部売って手に入る金額と、ネットで1万部売って手に入る金額が同額だというのです。そう考えると、自分でマーケティングができて、フォロワーというある程度の見込み客がいるのであれば、わざわざ出版社に売上を渡す必要もないというのは非常に合理的な考え方ですね。

このように、現在はまとまったお金や土地などの資産がなかったとしても、アイデアや専門的な知識、ユニークな発想、そして行動力があれば、不労所得を生み出せる時代になっているのです。

5章

そもそもお金は
どうやって世の中を
回っているの？

5sho 01

経済大国ってどんな国？

●日本は世界第3位の経済大国？

ニュースなどで、「日本は世界第3位の経済大国」という表現を聞いたことはないでしょうか？

また、こう聞いてみなさんはどのように感じますか？

私は未だにこの表現には慣れません。私が学生だったころは「日本は世界で2番目の経済大国なんだ」と教わり、「小さな島国なのに、米国に次いで世界2位なんてスゴいなぁ」と驚くとともに、少し誇らしげな気持ちになった記憶があります。

社会人になった2007年の時点でも日本は世界第2位でしたから、もう刷り込まれてしまったのでしょう。いまでも第2位というイメージが消えないのです。

私が金融機関で働いていた時の上司たちは、私以上に「スゴい日本」の印象を未だに抱いているようです。

1979年には『ジャパン・アズ・ナンバーワン（注40）』という戦後の日本経済の高度成長を分析する書籍が発刊され大ヒットとなり、80年代後半の**バブル期には山手線内側の土地の価格だけで米国全土が買えるとまでいわれていた**わけですから、感覚的には日本が世界第1位とすら思っていたかもしれません。

それではいつ第3位に転落したのでしょうか？

それは2010年です。追い抜かれてから、もう10年以上が経っているのですが、どの国に追い抜かれたのかはすぐにわかりますよね？

そう、中国です。中国は日本の10倍以上の人口を抱えるわけですから、その国が高い経済成長を続ければ日本を追い抜くのは当然です。

●日本は何が3位なの？

では何をもって1位だの、2位だの、3位だのと言っているのでしょうか？　人口？

（注40）ジャパン・アズ・ナンバーワン
1979年に出版されたアメリカの社会学者、エズラ・ヴォーゲル氏による書籍。戦後から高度経済成長期を分析した内容が日本で大ベストセラーとなった。ヴォーゲル氏は中国研究の権威でもあり、2020年に90歳で亡くなるまで米中関係等の講演を続けていたという。

付加価値の概念

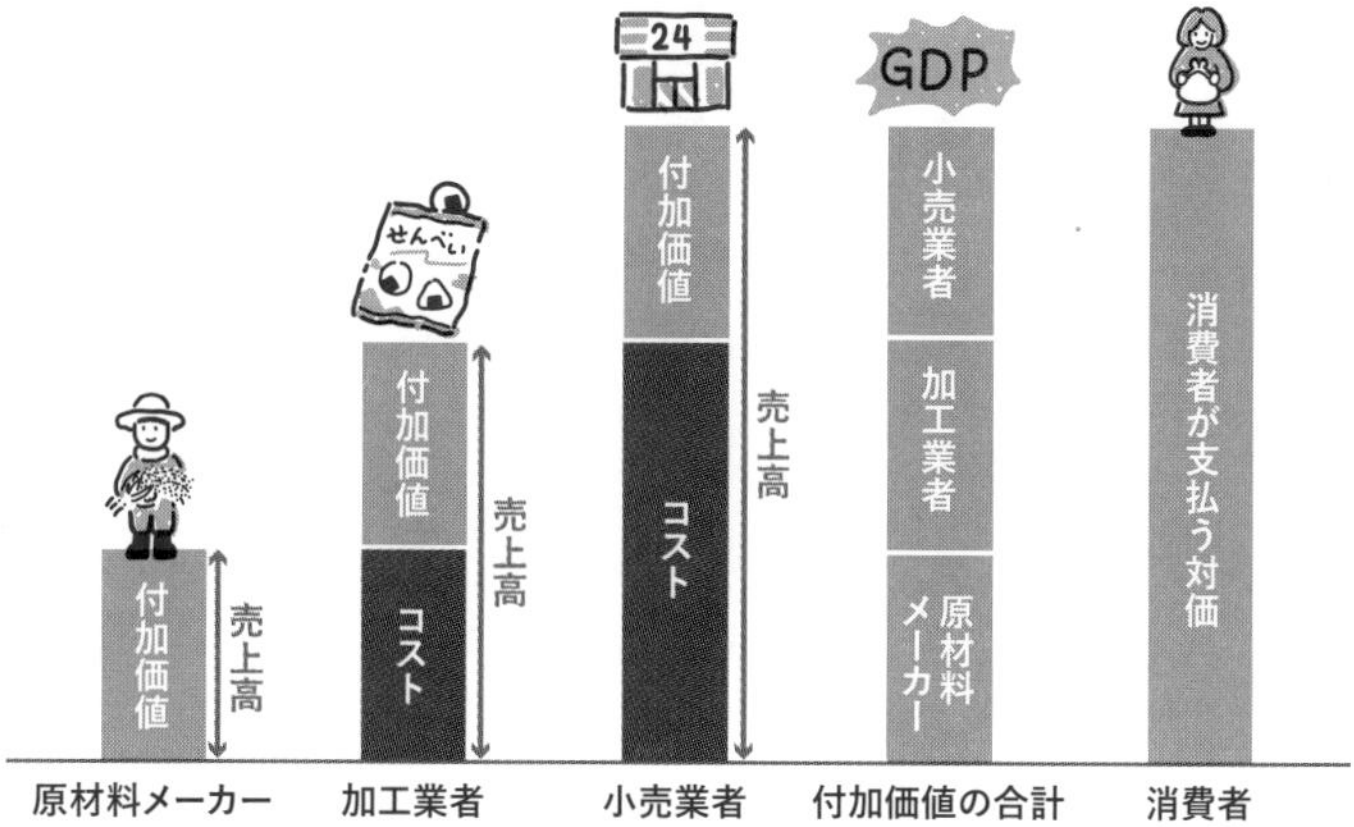

（出所）：著者作成。

有名企業の**時価総額**（注41）？　軍事力？

答えは国内総生産（GDP）の額で、経済大国のランキングが作成されています。ただ、GDPといわれると、なんだか難しい気がしてしまうかもしれません。本書は経済学書でも専門書でもないですから、ここでは簡単に説明をします。

GDPとは一定期間内に国内で新たに生み出されたモノやサービスの付加価値の合計です。このGDPは日本語で〝国内〟総生産といいます。ですから、日本企業が国外で生産した付加価値は含まれません。

ここでさらに「付加価値って何？」という新たな疑問が出てきてしまった人もいる

（注41）**時価総額**
会社の値打ちを評価する指標。一般的に会社の株価にその会社が発行している株式数を掛けて算出される。一般的に会社の規模を知る時に参考にされることが多い。

ことでしょう。そこで、簡単な例を使って補足してみましょう。

私たちがお店でお金を払って商品を買う場合、実はその商品が店頭に並ぶまでにはいくつもの段階を経ています。まず加工業者が原材料メーカーから原材料を買いつけて加工し、それを小売業者に売ります。そして、小売業者が店頭に並べて、私たち消費者がお金を払って買います。この各段階において、それぞれの業者が原価に付加価値を乗せて販売するわけです。つまり、付加価値は各業者の「利益」となるわけです。この付加価値を合計したものがＧＤＰになると考えてください。

一般的にはこのＧＤＰが増えることを経済成長としますので、たとえばニュースで「２０ＸＸ年、日本の（名目）ＧＤＰは前年比＋２・０％増となりました」と書いてあれば、それは日本の経済が前年から２％成長したということになります。ちなみにＧＤＰには〝名目〟と〝実質〟の２種類がありますが、この違いについては２０４ページでしっかりと説明していきます。

2050年も日本は経済大国のままですか？

さて、ここで気になるのは日本がいつまで経済大国でいられるのか、ということです。
それでは、ここでクイズといきましょう。

問題

2050年には日本のGDPは世界でどの位置にいるのでしょうか？

1 上位3か国のどこかにいる
2 上位3か国には入れないが、トップ10の中に入る
3 トップ10から外れてしまう

ちなみに、米国・中国・日本という世界トップ3のそれぞれが世界に占めるGDPのシェアについて、バブルが始まる前の1980年から2020年までの期間で推移を見てみると、日本が1994年、1995年あたりからジワジワとシェアを落としていっているのに対して、中国が2000年に入ってから急激に追い上げていることがわかります。

米中日のGDPの世界シェア推移

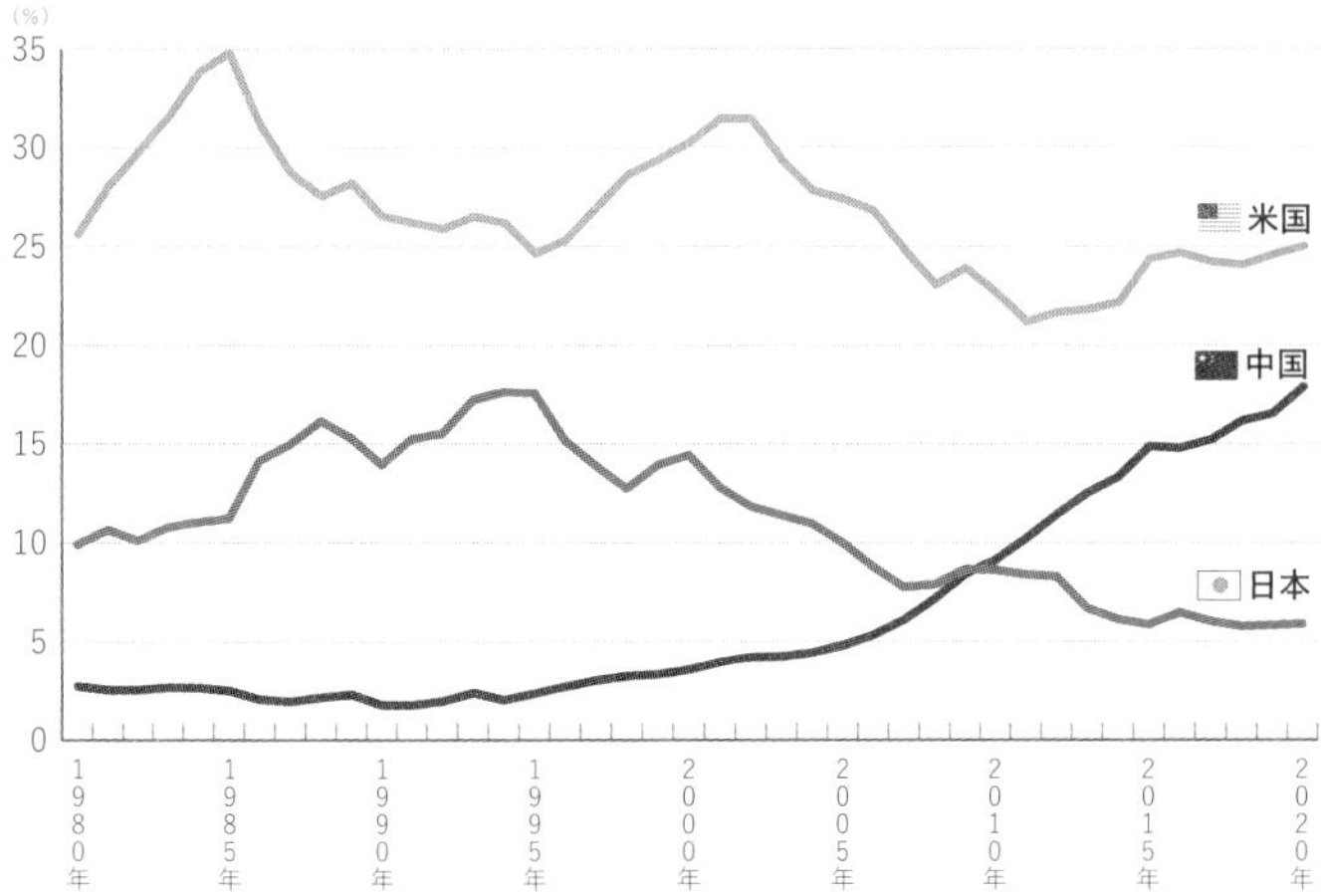

（出所）：IMF「World Economic Outlook Database, October 2020」のデータをもとに株式会社マネネが作成。

では、クイズの答えはどうでしょうか？

企業や経済について分析や助言などを行う、世界最大級のプロフェッショナルサービスファームであるPwCが発表したレポートによれば、２０５０年のランキングは次ページの表のようになっています。

このランキングでは日本は第7位まで転落していきます。つまり、正解は②ということになります。人によってはこれを転落とは思わず、まだトップ10内にいられるのか、という捉え方をするかもしれません。

2050年世界GDPランキング

順位	国　名	予想GDP（10億米ドル）
1	中国	61,079
2	インド	42,205
3	米国	41,384
4	インドネシア	12,210
5	ブラジル	9,164
6	メキシコ	8,014
7	日本	7,914
8	ロシア	7,575
9	ナイジェリア	7,345
10	ドイツ	6,338

（注）：GDPは購買力平価ベース、2014年ベース。
（出所）：PwC「2050年の世界 世界の経済力のシフトは続くのか？」より。

ただ、この上位の顔ぶれを見てみなさんはどう思いますか？

日本以外でトップ10に入っている国として中国とインド、米国、ドイツは想像できたかもしれませんが、インドネシア、メキシコ、ナイジェリアあたりは意外に感じるのではないでしょうか？

近年の中国ではありませんが、私たちが考えている以上に新興国の成長速度は速く、今後世界の経済勢力図はめまぐるしく変わっていくことでしょう。

5sho 02

景気とはそもそも何でしょう？

●景気の山？ 谷？

社会人になってから、お客さんとのミーティング時の雑談で、「景気が悪くて困っちゃうよ」という話や、「今年は景気が良いからボーナスが期待できそう」という話を聞くことがあります。みなさんも「景気が良い」「景気が悪い」はニュースなどでよく耳にする言葉かもしれません。しかし、その「景気」の良し悪しがいったいどのように決まるか、ご存じの方は少ないのではないでしょうか？

と、そのことを説明する前に、まずは景気について確認しておきましょう。

一般的に景気というのは波を打っています。好景気というのは景気が拡大している期

景気は波を打つ

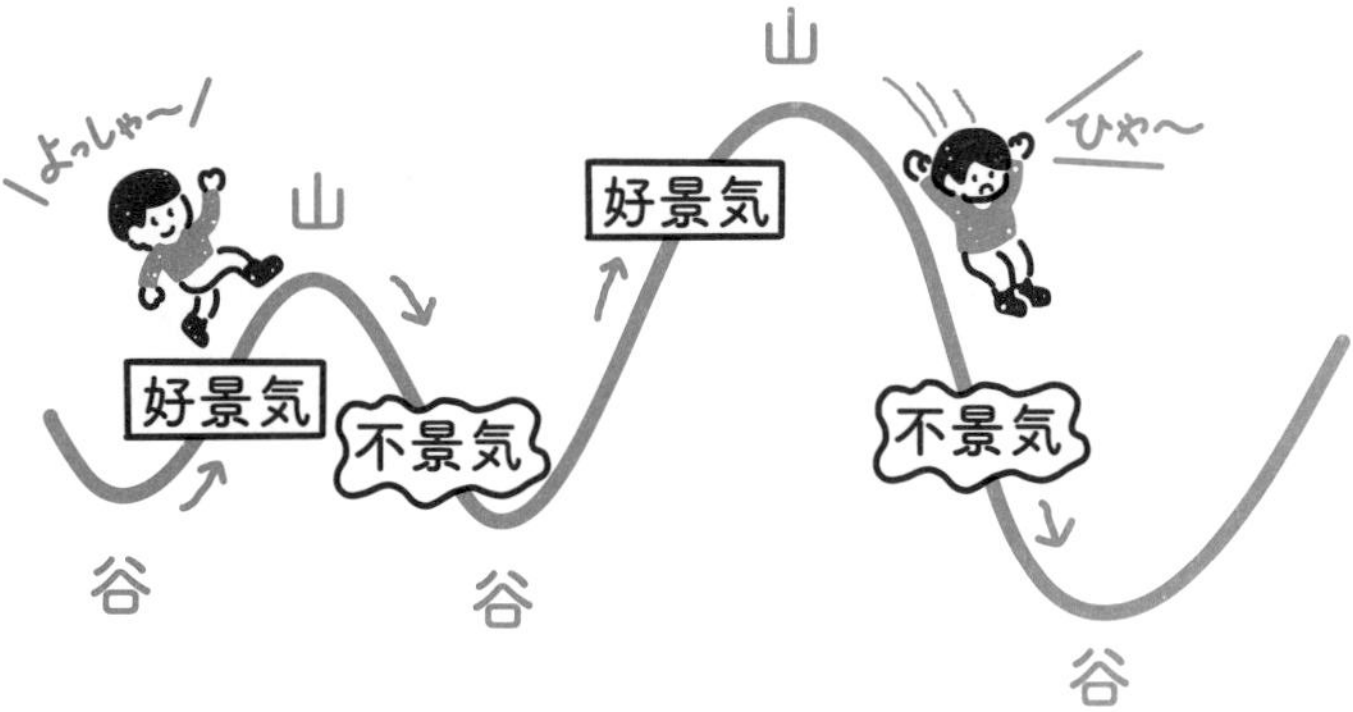

間を指しますが、いずれ景気は頂点に達し、今度は景気後退へと転じます。これが不景気です。この時、**景気の頂点を「山」**と呼びます。また、山を越え景気が後退に転じ、いずれ底を打つと今度は再び反転し、拡大していきます。その際の底を**景気の「谷」**と呼びます。

私が、小学生の時だったのか、中学生の時だったのか記憶は曖昧ですが、社会の授業で「岩戸景気」や「いざなぎ景気」という言葉を習いました。当時は「高度経済成長期みたいなものか」くらいの認識でしたが、もちろんいまはしっかりと理解しています。

岩戸景気は1958年7月から1961年12月の42か月にわたる景気拡大局面のことを指します。「**投資が投資を呼ぶ**(注42)」という言葉や、この時期に「三種の神器」(冷蔵庫、洗濯機、白黒テレビ)が急速に普及したということを授業で習ったという人もいるのではないでしょうか?

一方でいざなぎ景気は1962年11月から1964年10月の24か月にわたる景気拡大時期(局面)のことを指します。1964年10月に東京オリンピックが開催されるということで、新幹線や高速道路、競技場の建設・整備が盛んに行われたことによって好景気となったのです。

それでは、ここでクイズです。

問題

戦後最長の景気拡大期間は何か月続いたのでしょうか?

1 73か月(約6年間)
2 98か月(約8年間)
3 121か月(約10年間)

(注42) 投資が投資を呼ぶ
1960年の経済白書に使われた言葉。当時は池田勇人内閣による所得倍増計画などが行われ、日本が急激に経済成長を遂げている時期で、同経済白書では一産業の設備拡大は他産業の設備拡大の誘因となるといった具合に、設備投資の連鎖が強い成長をもたらしたとしている。

CI（一致指数）の推移

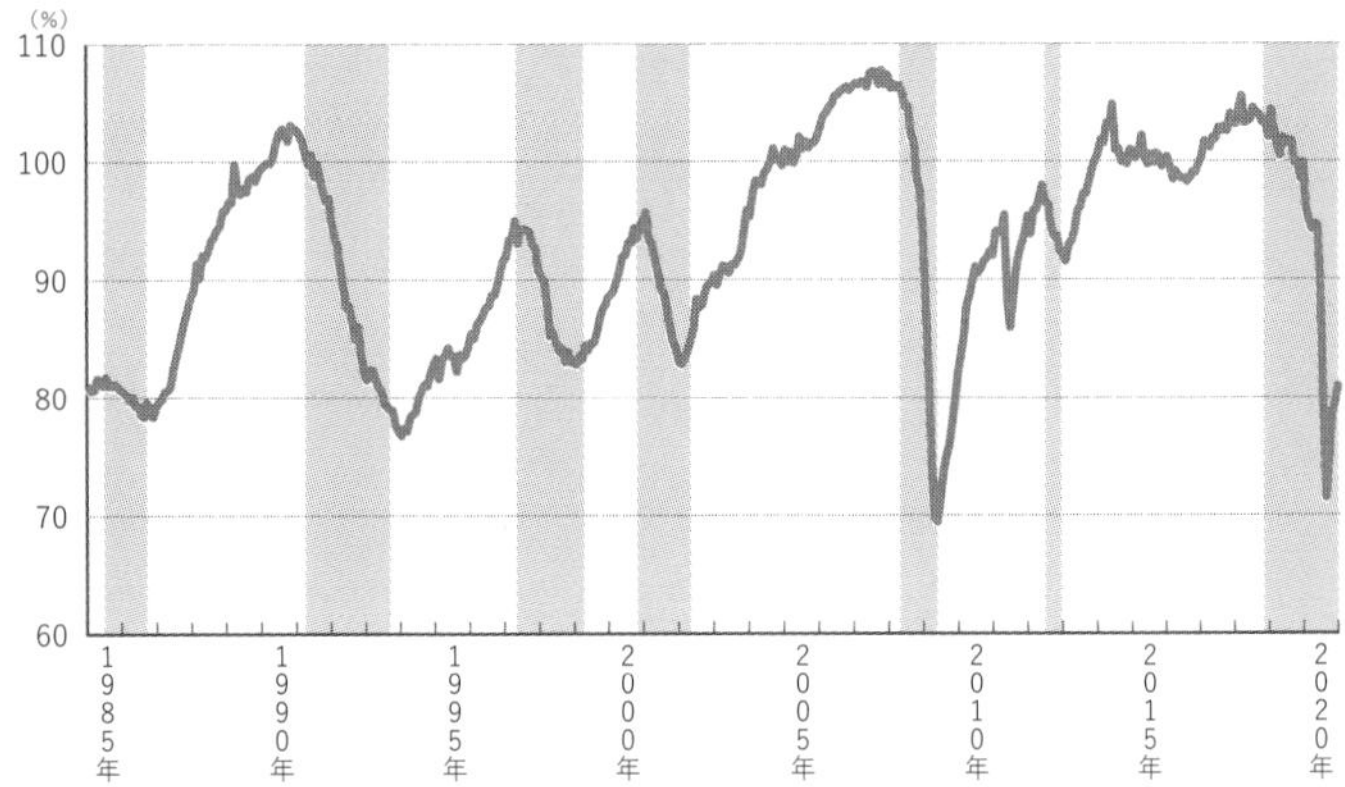

（注）　：網掛け部分は景気後退局面。
（出所）：内閣府「景気動向指数」のデータをもとに株式会社マネネが作成。

ちなみに、第二次安倍政権では「**3本の矢**(注43)」でお馴染みの「アベノミクス」という言葉が誕生しました。なんとなく景気が拡大していそうな印象を受けますね。この間の最長の景気拡大期間は2012年11月から2018年10月までの71か月でした。

では、クイズの答えを見ていきましょう。

戦後最長の景気拡大期間は2002年2月から2008年2月までの73か月間です。

つまり、正解は①ということになります。

この景気拡大局面は「いざなみ景気」という名前がついています。いざなぎ景気と紛らわしいですが、「国造り神話」の女神である「いざなみ」から命名されました。

(注43) 3本の矢
「大規模な金融緩和」、「機動的な財政政策」、「民間投資を喚起する成長戦略」を柱とする「3本の矢」。2015年にはアベノミクス第二ステージとして「希望を生み出す強い経済」、「夢を紡ぐ子育て支援」、「安心につながる社会保障」の「新・3本の矢」を打ちだした。

「戦後最長の景気拡大ってけっこう最近の話なんだ」と驚いた人もいるでしょう。私でいえば高校3年生から社会人2年目までがこの景気拡大局面にあたるのですが、正直な感想としては、「そんなに好景気という印象はないんだけどなぁ」というものです。実はこのいざなみ景気の特徴はまさにそこなのです。「**実感なき景気回復**」とも評されています。

景気拡大局面の話ばかりしてきましたが、景気後退局面は前ページの図の網掛け部分になります。グラフを見ると景気が波打っていることがわかりますね。

●どうやって景気の山と谷は決まるの？

さて、冒頭で触れましたが、最後にどのようにして景気の良し悪しを決めるのかを説明しておきましょう。

当然ですが、経済学者や政治家が〝なんとなく〟決めるわけではありません。しっかりと判断に用いる経済指標が決まっています。その経済指標は「**景気動向指数**」というものです。

この景気動向指数という経済指標は失業率や株価など様々な経済指標を用いて算出されています。

景気動向指数には景気に先行する経済指標（株価など）から算出される**先行指数**、景気に一致する経済指標（小売商業販売額など）から算出される**一致指数**、景気に遅行する経済指標（失業率など）から算出される**遅行指数**の3種類があります。

このうちの一致指数の算出に使う各種の指標のそれぞれが良くなっているのか、悪くなっているのかを記録していき、そのデータを景気動向指数研究会のメンバーが議論をし、経済社会総合研究所長によって景気の「山」や「谷」が設定されます。

ちなみになぜ指標によって景気に先行したり、遅行したりするなど違いがあるのかは、それぞれの経済指標の特徴をよく考えてみればわかります。

たとえば、先行指数の算出に用いられる株価。投資家は他の人よりも安く株を買って、高い値段で売ることで儲けることができます。ですから、これから景気が良くなりそうだと思えば、まだ景気が良くない段階でも「将来きっと良くなる」という考えにもとづいて株を買います。よって、株価は実際の景気に先行して動くわけです。
また、失業率が景気に遅れるのは日本の雇用制度に原因があります。日本の場合、本人が違法行為でもしない限り正社員を簡単に解雇できません。つまり、「明日から会社にこなくていいよ」といって簡単に解雇することはできず、問題なく解雇しようとすると時間がかかるのです。ですから、景気が悪くなってきたからといって人にかかるお金（人件費）を削減するため、正社員を解雇しようと思ってもすぐにはできないのです。それゆえに、結果として失業率が景気に遅行するわけです。

経済指標などと聞くと難しく感じてしまうかもしれませんが、このように詳しく見ていくと意外とシンプルな理由がそこにはあり、それを理解することでニュースや経済がもっと楽しく、身近に感じることができるようになるでしょう。

景気動向指数採用系列の一覧

	指　数
先行系列	1. 最終需要財在庫率指数（逆サイクル）
	2. 鉱工業用生産財在庫率指数（逆サイクル）
	3. 新規求人数（除学卒）
	4. 実質機械受注（製造業）
	5. 新設住宅着工床面積
	6. 消費者態度指数　2人以上世帯・季節調整値
	8. マネーストック（M２）（前年同月比）
	9. 東証株価指数
	10. 投資環境指数（製造業）
	11. 中小企業売上げ見通しＤＩ
一致系列	1. 生産指数（鉱工業）
	2. 鉱工業用生産財出荷指数
	3. 耐久消費財出荷指数
	4. 労働投入量指数（調査産業計）
	5. 投資財出荷指数（除輸送機械）
	6. 商業販売額（小売業、前年同月比）
	7. 商業販売額（卸売業、前年同月比）
	8. 営業利益（全産業）
	9. 有効求人倍率（除学卒）
	10. 輸出数量指数
遅行系列	1. 第3次産業活動指数（対事業所サービス業）
	2. 常用雇用指数（調査産業計、前年同月比）
	3. 実質法人企業設備投資（全産業）
	4. 家計消費支出（勤労者世帯、名目、前年同月比）
	5. 法人税収入
	6. 完全失業率（逆サイクル）
	7. きまって支給する給与（製造業、名目）
	8. 消費者物価指数（生鮮食品を除く総合、前年同月比）
	9. 最終需要財在庫指数

（注）：「逆サイクル」は、指数の上昇・下降が景気の動きと反対になる指標であることを指す。
（出所）内閣府「景気動向指数の利用の手引」より。

5sho 03

家計って「家のお金」であってる？

●家計は国内の経済を支える柱

みなさんも「家計が厳しい」という表現や、「家計をやりくりする」という表現を耳にしたことはあるでしょう。日本人の多くが家計という言葉は知っているし、「家の懐事情でしょう？」などといった具合になんとなく意味もわかっていると思います。ただ、「小学生の子どもたちにもわかるように説明してください」といわれるとどうでしょうか？　意外と難しいかもしれません。

家計は家庭経済とよばれることもあり、政府や企業と並んで国内の経済主体（経済を支える柱）の１つです。先程の「家計をやりくりする」という言葉からもわかる通り、家計には収入と支出があります。いずれも純財産高という観点から2つの種類に分類できます。「純財産高といわれてもよくわからない」と感じますよね。安心してください、具体例を挙げて説明します。

まずは収入から考えてみましょう。収入には給与や預貯金の利子、株の配当があります。これらはもらうと純粋に財産が増えます。このような収入を実収入といいます。

一方で、預貯金から引き出したり、銀行や消費者金融から借りてきてもお金は金額的には増えますから、収入といえるでしょう。しかし、これらはもともと預貯金としてあったものから現金を引き出しただけだったり、いつかは返さなければいけなかったりするお金です。つまり、純粋に財産が増えるとはいえませんから、実収入以外の収入ということになります。

次に支出について考えてみましょう。生活費や税金、社会保険料は支払うと純粋に財産が減少しますので、実支出といいます。一方で、貯金をしたり、借金を返済したりする場合は手元からお金は出ていきますが、純粋に財産は減少しないので実支出以外の支出といいます。

支出については他の分類方法もあります。たとえば、教育費、食糧費、通信費、娯楽費など何かを買ったり、サービスの提供を受けたりするための支出を消費支出といいます。一方で、所得税や消費税などの税金、社会保険料、預貯金などは非消費支出といいます。

なぜ消費をこのように分類するのかというと、ニュースや新聞などで「消費が伸びました」という表記があった際に、それが何を意味するのかということを正しく理解するためです。たとえば、消費が増えていても、非消費支出だけが増えているのであれば、景気が良いとはいえません。反対に消費支出が増えているのであれば、お金が回っているわけですから、本当に景気が良いのではないか？　と考えられるのです。もちろん**国民全体の給料が増えたとしても、消費支出が増えていないと本当に景気が良いとはいい切れません。**

前年同月比の感覚をつかもう

景気が良くなれば多くの人がたくさん消費するようになり、景気が悪くなれば財布のひもが堅くなり消費を控えるようになります。

よって、**消費の動向を確認することで、景気がどうなのか、ということが理解できます**。なかでも総務省統計局が発表している「家計調査」は毎月確認することで面白いことが見えてきます。この家計調査は、都道府県知事が任命した統計調査員が、調査世帯となっているみなさんの家を訪問して家計簿を配布し、その後、記入済みの家計簿を集計して結果を発表するものです。こう聞くと調査が「実際の家計に近いものだ」ということがわかるでしょう。

では、何をどう見ていけばいいかを説明していきましょう。これは消費支出に限ったことではありませんが、経済指標を見る際に、多くの場合は2つの考え方を理解しておく必要があります。

1つは**前年同月比**です。これは今月の状態がどうなのかということを分析するために、前の年の同じ月に比べて増減しているのか、ということを比率（パーセンテージ）で表したものです。たとえば、去年の1月に100円だったものが、今年の1月に102円で売られていれば、前年同月比で2％値上がりしたということになります。

もう1つは**名目と実質**という考え方です。名目というのはスーパーなどで記載されている額面の金額そのものを指します。一方で実質とは物価の変動の影響を取り除いたものです。なぜ物価の変動の影響を取り除くのかは、具体的な例で説明しましょう。

たとえば、1個200円のオモチャを1万個売ったとします。この時の売上高は200万円です。翌年そのオモチャが10％値上がりして220円になりました。ただ、値上がりしたにもかかわらず1年目より2000個多い1・2万個を売り上げました。そうすると、売上高は「220円×1・2万個＝264万円」となります。

これを名目で見ると200万円の売上高が264万円になったわけですから、32％の増収となります。しかし、実際には前年から10％の値上がりがあったので、物価の変動を取り除いた実質で見ると（前年の物価を基準にすると）20％の増収だったということになります。

つまり、**実際にどれぐらい伸びたのかを知ろうと思うと、「名目」のデータを見るのではなく、物価で押し上げられた分を取り除いた「実質」のデータを見ないといけない**というわけです。一方で、消費者の感覚に近いのは値札に書かれている金額ですから、この場合は名目のデータを使ったほうが実感に近い分析ができます。

ただ、前年同月比で経済指標を見る場合、特殊要因に注意する必要があるのですが、その必要性を理解するためにクイズを出します。2019年1月から12月まで、一般家庭の消費動向をチェックするうえで重要な「2人以上の世帯における」実質消費支出の前年同月比の増減率についてのクイズです。

問題

2019年の実質消費支出を月次で見た時に、2人以上の世帯において対前年同月変化率が最も大きく増加した月は何月でしょうか？

1 4月
2 9月
3 12月

ちなみに、最も減少したのは10月でした。このヒントと問題文、選択肢を組み合わせて考えてみると答えは自ずとわかるかもしれません。

それでは、クイズの答えはどうでしょうか？

次ページの図は「家計調査」から作成したグラフになります。これを見れば一目瞭然ですね。正解は②の9月です。

消費支出の対前年同月増減率（2人以上の世帯）

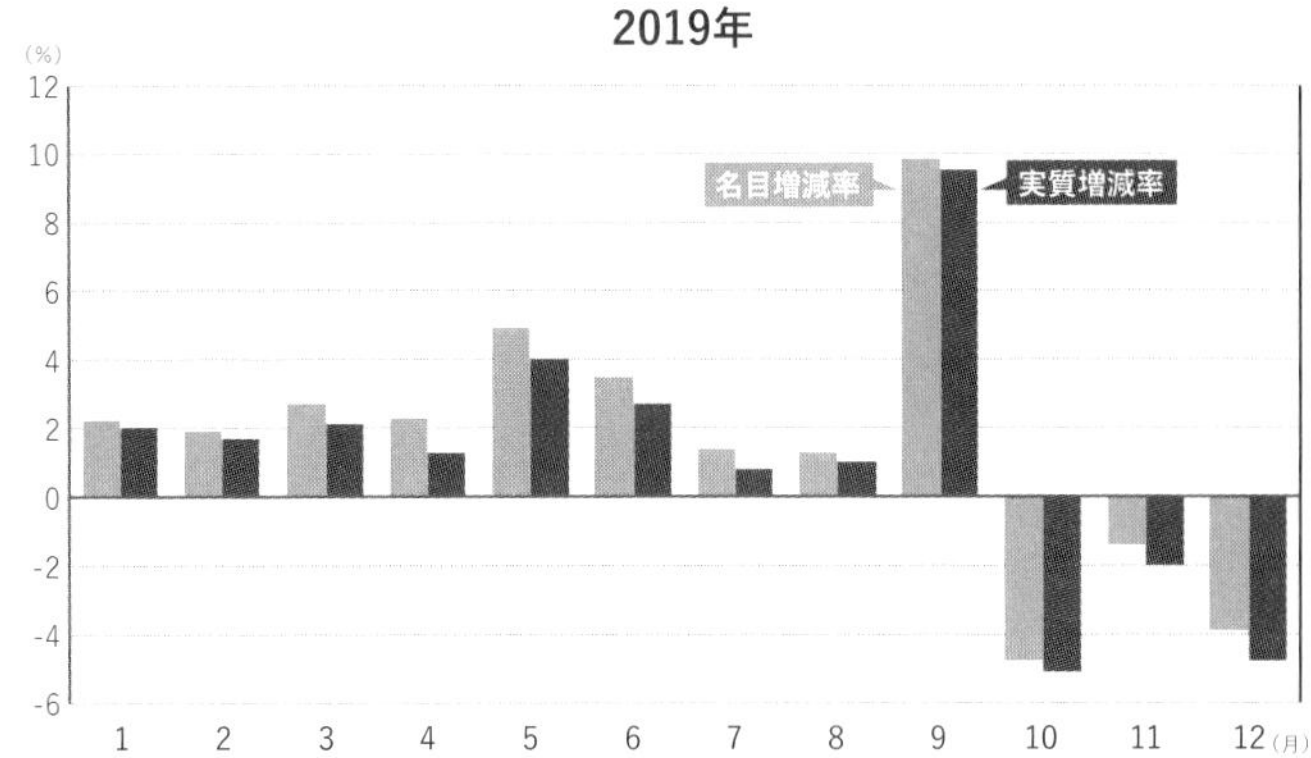

（注）　：名目、実質ともに2018年1月から使用する家計簿を改正した影響による変動を調整した変動調整値。
（出所）：総務省統計局『家計簿からみたファミリーライフ』。

名目、実質ともに9月に大きく上昇し、10月に大きく下落しているのが見てわかります。なぜ、このようなことが起きたのでしょうか？

これはまさに特殊要因によるものです。2019年の9月、10月あたりにあったイベント……。思い浮かびましたか？　そう、消費増税（239ページ参照）です。

2019年10月に消費税が8%から10%に上がりました。そのため9月には駆け込み需要が発生し、10月はその反動で消費が大きく落ち込んだのでした。

みなさんの家庭でも「この時に何か大きな買いものをした！」なんて覚えはないでしょうか？

●目先のお金ばかりでなく全体を見るようにしよう

冒頭で家計は国内経済を構成する柱のうちの1つと紹介しました。ついつい家計の話をすると、目先の収入や支出ばかりが気になってしまいますが、そのような**ミクロな視点も大事ではあるものの、経済全体がどうなっているのかというマクロな視点も持つようにしましょう。**

ネット上では、どうも黒か白かという対立軸で話を進めたがる人が多くいます。ミクロな視点だけで全てを語ろうとする人もいますし、その逆もいます。

しかし、現実の世界ではミクロの世界、マクロの世界両方がともに存在していて、どちらかの視点しか持たないと、極端な意見の持ち主になってしまいます。

ミクロの視点では正しいことが、マクロの視点では正しくない結果につながるなど、現実の経済は異様なほど複雑怪奇です。みなさんには、そこに面白さを感じてもらえるよう、本書でお金の知識と教養を身につけ、ミクロとマクロの両方から世の中を見られる人になって欲しいと思います。

5sho 04

モノの値段の決まり方

100円の水を1万円で売る方法？

もともと私は大学院に進学しようと考えていたため、ほとんど就職活動をしていなかったのですが、早くから就職活動を始めていた周りの同級生たちからいろいろと就職活動について話を聞いていました。

その中でよく耳にした話があります。それが実話なのか、都市伝説なのかは未だにわかりませんが、有名な外資系企業の面接で、「100円の水を1万円で売るためにはどうすればいいか？」と聞かれるというのです。その話を聞いた瞬間、「そんなの詐欺でもしない限り無理だろ」と思ってしまう私のような人間はきっと立派な就活戦士にはなれないのでしょう。

私のことはさておき、友人に模範解答を聞いてみたところ、「砂漠で倒れている人に1万円で売る」という答えが返ってきました。

はたしてそんな質問で思考力を測れるのか、未だに私は疑わしく思っているのですが、この話にはモノの値段がどのようにして決まるかを学ぶうえでは重要なエッセンスが含まれています。ということで、さっそくモノの値段について考えていきましょう。


モノの値段を表す際に「物価」という言葉を使います。

ニュースなどで「昨年より物価が○%上昇した」という場合、その物価は日本でいえば総務省が発表している**消費者物価指数**(注44)を指すのが一般的です。

しかし、いまの10代から30代の人たちは日本で物価（モノの値段）が上がっている印象はあるでしょうか？　私は執筆時点で36歳ですが、自動販売機で売っているジュースの値段は昔より上がったという印象がありますが、全体的には物価がそこまで上がっている印象は受けません。

ただ、インドネシアのジャカルタに駐在していた時は物価の上昇を体感しました。私が駐在を始めた時から、日本に帰るまでの1年半の間にポテトチップスの値段が10%以

(注44) 消費者物価指数
物価（モノやサービスなど）の変動を知る指標で、「経済の体温計」ともいわれる。日本では総務省が毎月発表しており、英語表記のConsumer Price Indexの頭文字を取ってCPIと表記されることもある。

上も上昇したのには本当に驚きました。あとで調べてみると、私が駐在していた時期はインドネシアの消費者物価指数は1年間で6％ほど上昇していたのです。

ちなみに、日本では2019年にカルビーが「カルビーポテトチップス」「堅あげポテト」「ピザポテト」の3ブランドの出荷価格を5月から値上げしました。値上げは2009年4月以来、10年ぶりなのですが、その際の値上げ率は2・9〜6・3％でした。いかに両国間で物価の上昇率に違いがあるかがわかりますね。

それでは、ここでクイズです。

問題

2015年の物価（消費者物価指数）を100とした時、20年前（1995年）の物価はどれぐらいだったでしょうか？

1 85・9（約14％安い）
2 97・6（約2・5％安い）
3 101・8（約2・0％高い）

ちなみに、2015年から40年前の1975年は54・0となります。つまり、いまよ

消費者物価指数の推移（1970-2019年）

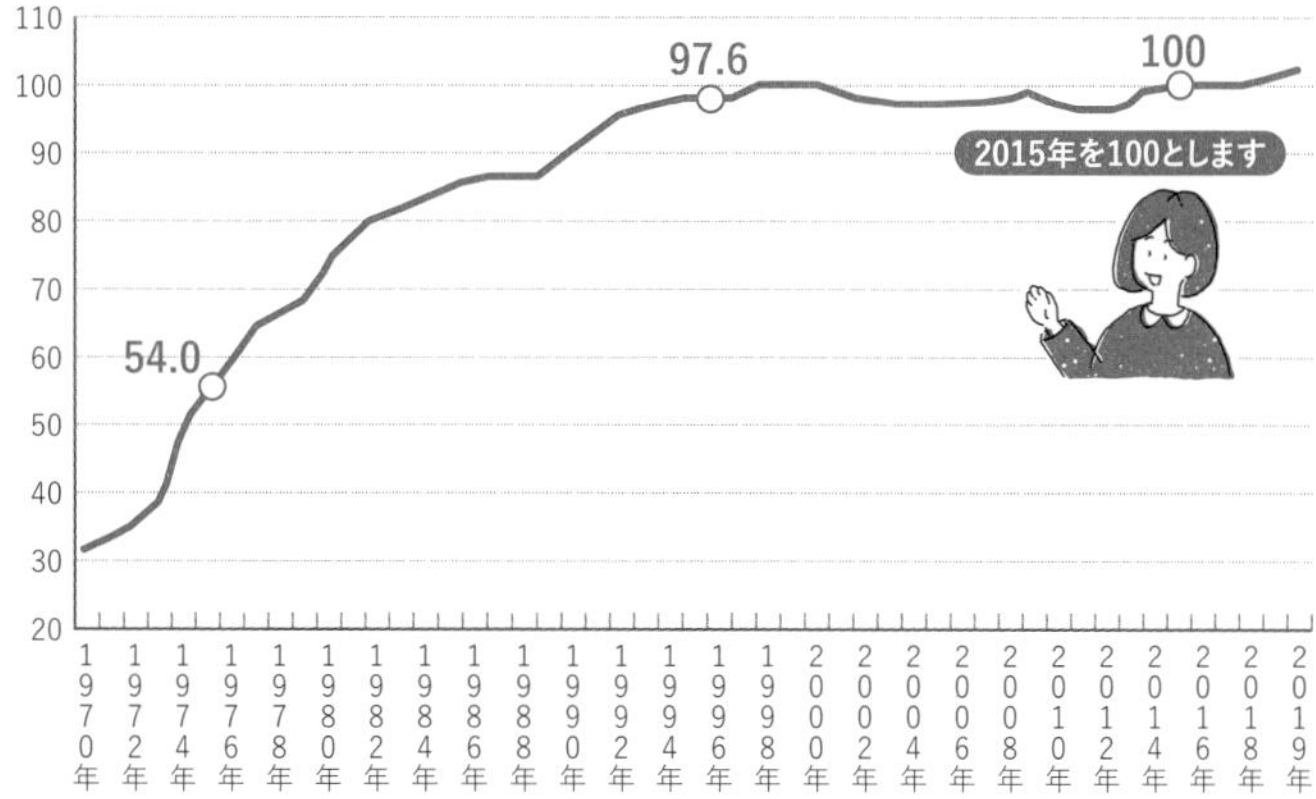

（出所）：総務省「消費者物価指数」のデータをもとに株式会社マネネが作成。

り46％安いということになります。

１９７５年となると私はまだこの世に生まれていないのですが、当時を知る人からすれば、日本でも物価はけっこう上がってきたという印象を持っているのでしょうね。

さて、クイズの答えはどうでしょうか？

上図は総務省が発表している消費者物価指数の推移になります。期間は１９７０年から２０１９年までです。グラフを見ると１９９５年頃までは物価が右肩上がりに上昇していますが、それ以降は横ばいになっているのがわかるでしょう。

１９７５年、１９９５年、２０１５年にそれぞれ数字を入れてみました。

つまり、正解は②ということになります。多くの人が1975年からの20年と比べると全く上がっていないなと感じたことでしょう。

●需要と供給が一致するところで値段は決まる

さて、これまで物価、つまりはモノの値段の推移を見てきたわけですが、ではそもそもモノの値段はどのようにして決まるのでしょうか？

この項目の最初に話した就職活動における質問を思い出してください。「100円で買える水であっても、砂漠で喉がカラカラで倒れている人であれば1万円で売れる」。この話は少し極端ではありますが、モノの値段が決まるメカニズムを理解するのにはいい例だと思います。

ようするに**モノの値段は需要と供給が一致するところで決まる**ということです。しっかりと理解するために図を使いましょう。次ページを見てください。まず売り手（供給側）から見た世界を考えてみます。縦軸に価格、横軸に数量を置いてグラフを作ってみました。

売り手からすれば、高く売れるならいっぱい売りたい（供給したい）と思いますが、

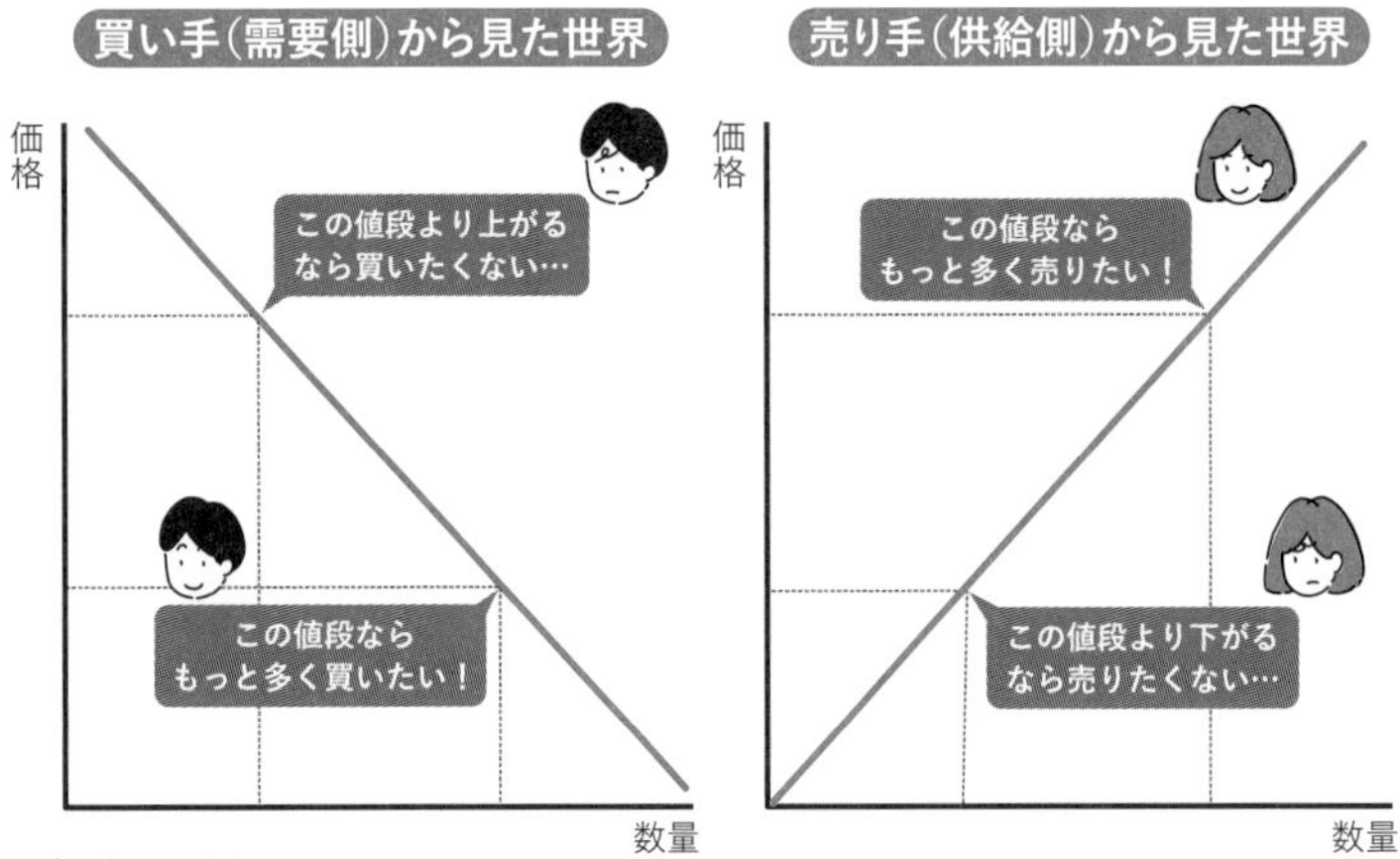
買い手（需要側）から見た世界
価格
この値段より上がるなら買いたくない…
この値段ならもっと多く買いたい！
数量
売り手（供給側）から見た世界
価格
この値段ならもっと多く売りたい！
この値段より下がるなら売りたくない…
数量
（出所）：著者作成。

あまりにも安くしか売れなければ、**原価割れ**（注45）してしまいますから、それなら売りたくない（供給したくない）と思いますよね？　グラフが出てくると難しく感じてしまうかもしれませんが、非常にシンプルですし、当たり前のことです。この売り手から見た価格と数量の関係をグラフにすると、右肩上がりのグラフになります。

一方で、買い手（需要側）から見た世界を同じ方法でグラフにしてみましょう。当然、安ければ欲しい人は増えるでしょうし、高ければ高いほど欲しい人は減るでしょう。そうすると、買い手から見た世界は右肩下がりのグラフになります。

（注45）**原価割れ**
商品などの製造にかかったお金や仕入れ時にかかったお金といった、いわゆる原価よりも安い価格で商品を販売・提供すること。100円均一ショップでは原価割れした商品も売られているといわれる。

売り手にも、買い手にもそれぞれ都合があります。高く売りたい人がいる一方で、安く買いたい人がいる。お互いが譲らない限り、売買は成立しません。そこで、お互いが少しずつ譲歩していくことで、次第に両者が納得するポイント（均衡点）が見つかります。そのポイントでモノの値段が決まるのです。

意外とこのグラフは使い勝手がいいので、少し活用してみます（次ページの図参照）。たとえば、工場が天災で使えなくなったとか、原材料高で生産量を落とさざるを得ないなど、何かしらの理由で供給量（数量）が減少するとします。100円の水を1万円で売る水の話でいえば、砂漠には水がその1本だけしかないという状況です。

そうすると、供給側のグラフが左側にシフトします。この時、需要側には何も変化がないとどうなるでしょう？　グラフ上の均衡点が左斜め上にスライドします。つまり、価格が上昇するのです（次ページ上図）。

しかし、実際には価格が上がれば買いたい人（需要）は減るでしょうから、需要を表す右肩下がりのグラフの線も左に移動し、価格は下がるでしょう（次ページ下図）。このように、**モノの値段は需要と供給が一致するところで決まり、需要や供給がそれぞれ増減することで価格も変動する**のです。

供給量が減少

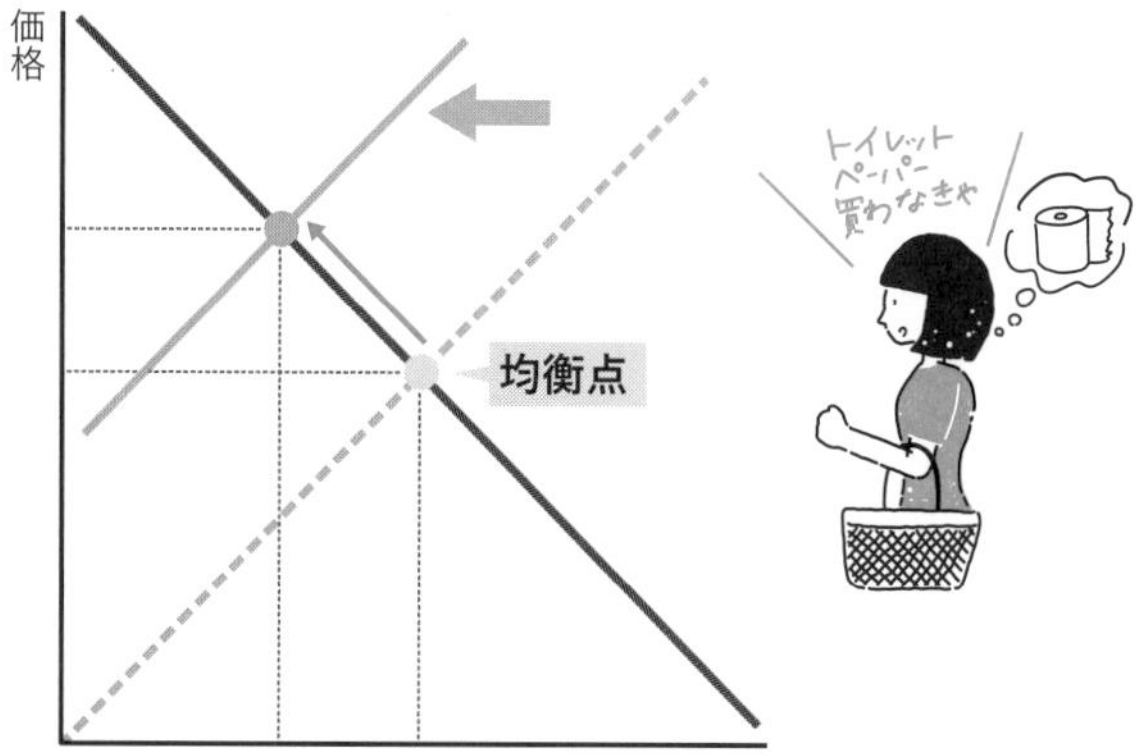

価額が上がる

需要も減少

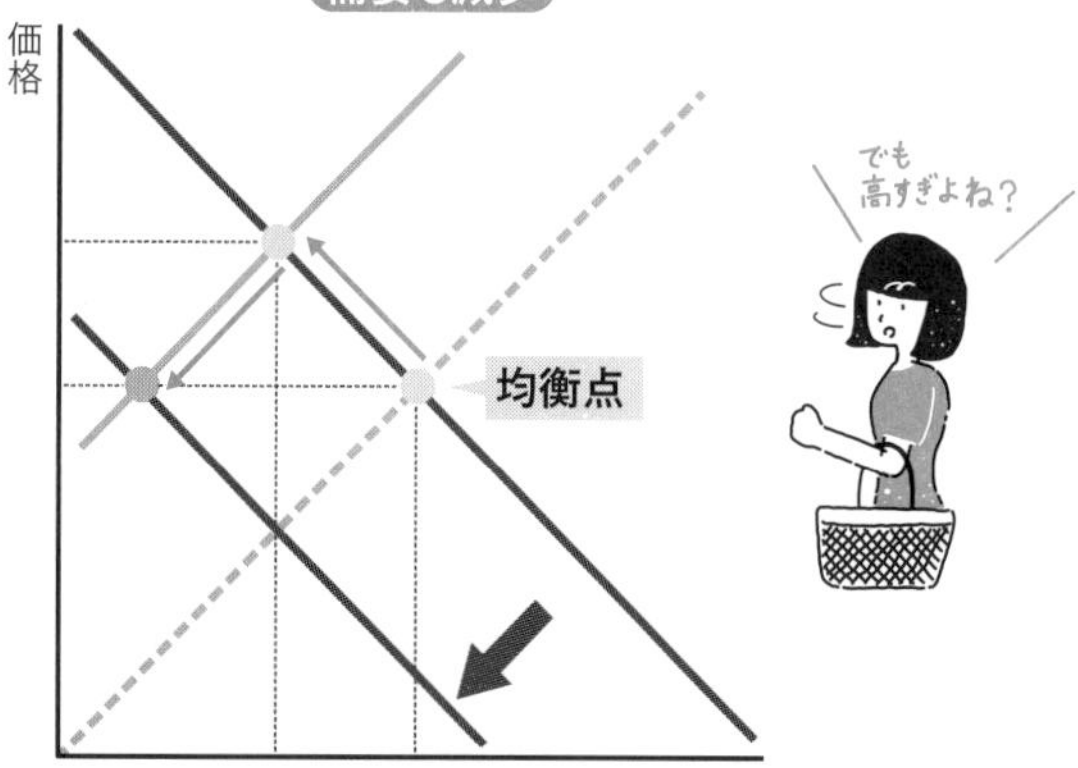

価額も下がる

（出所）：著者作成。

5sho 05

インフレ、デフレを理解しよう

●インフレとかデフレって聞いたことはあるけれど……

高校生であれば「インフレ」や「デフレ」という言葉を耳にしたことはあるはずです。中学生はどうでしょうか？　大学生なら知っている人は多いと思いますが、その意味を聞いてみると、あやふやな回答が出てくることも珍しくありません。

では早速この言葉の意味を確認していきましょう。

インフレという言葉は「**インフレーション**」の略で、モノの値段が上がり続ける状態のことをいいます。

このインフレには2種類あって、景気が良くなることで人々がどんどんモノを買い、それに応じて値段も徐々に上昇していく**「ディマンドプル・インフレ」**と、原材料の値段が高騰することでモノの値段も上昇していく**「コストプッシュ・インフレ」**があります。

一方デフレという言葉は**「デフレーション」**の略で、モノの値段が下がり続ける状態のことを言います。

簡単に説明すると、リーマンショックや新型コロナウイルスなど、何かしらの要因で景気が悪くなり、人々が節約をし始めてモノが売れにくくなってきたとします。そうなると、企業はモノを売るために値段を下げる。それでも売れにくいとなるとまた値段を下げる……。といった具合に徐々に値段が下がり続けていくような状況です。

ちなみに、**「ハイパーインフレ**(注46)**」**というものがありますが、これはモノの値段が異常な速度で上昇していく状態を指します。

記憶に新しいところでいえば、ジンバブエでは2008年に一時期、年率2億パーセント超のハイパーインフレを記録しました。

私が当時聞いた話では、モノを買うために店に並んで順番を待っている間に、値段がどんどん上がっていくということでした。

(注46) ハイパーインフレ
近年では産油国であるベネズエラが原油価格の下落でハイパーインフレに苦しんでいる(2020年12月時点)。2019年1月には268万%ものインフレ率を記録し、通貨ボリバルは紙切れ同然の扱いとなっている。

世界的に見ると物価はどう動いている？

では日本に限らず、世界全体で物価はどのような傾向にあるのでしょうか？

ここではインフレとデフレをよく理解するために、この数年の傾向ではなく、1980年ぐらいから見た長期的な傾向について考えてみたいと思います。

この40年間で世界全体では人口がどんどん増えていき、インターネットの普及やIT技術の進化など様々な変化がありました。これらの変化が物価上昇につながったのか、はたまた物価下落につながったのか。それでは、ここでクイズです。

問題

日米欧の消費者物価指数の平均値（前年比）を1980年→1990年→2000年→2010年の順に並べたものはどれが正解でしょうか？

1 7・8％→3・1％→マイナス0・7％→マイナス0・7％
2 12・6％→5・5％→2・7％→1・0％
3 14・8％→7・1％→4・1％→1・8％

消費者物価指数の長期推移

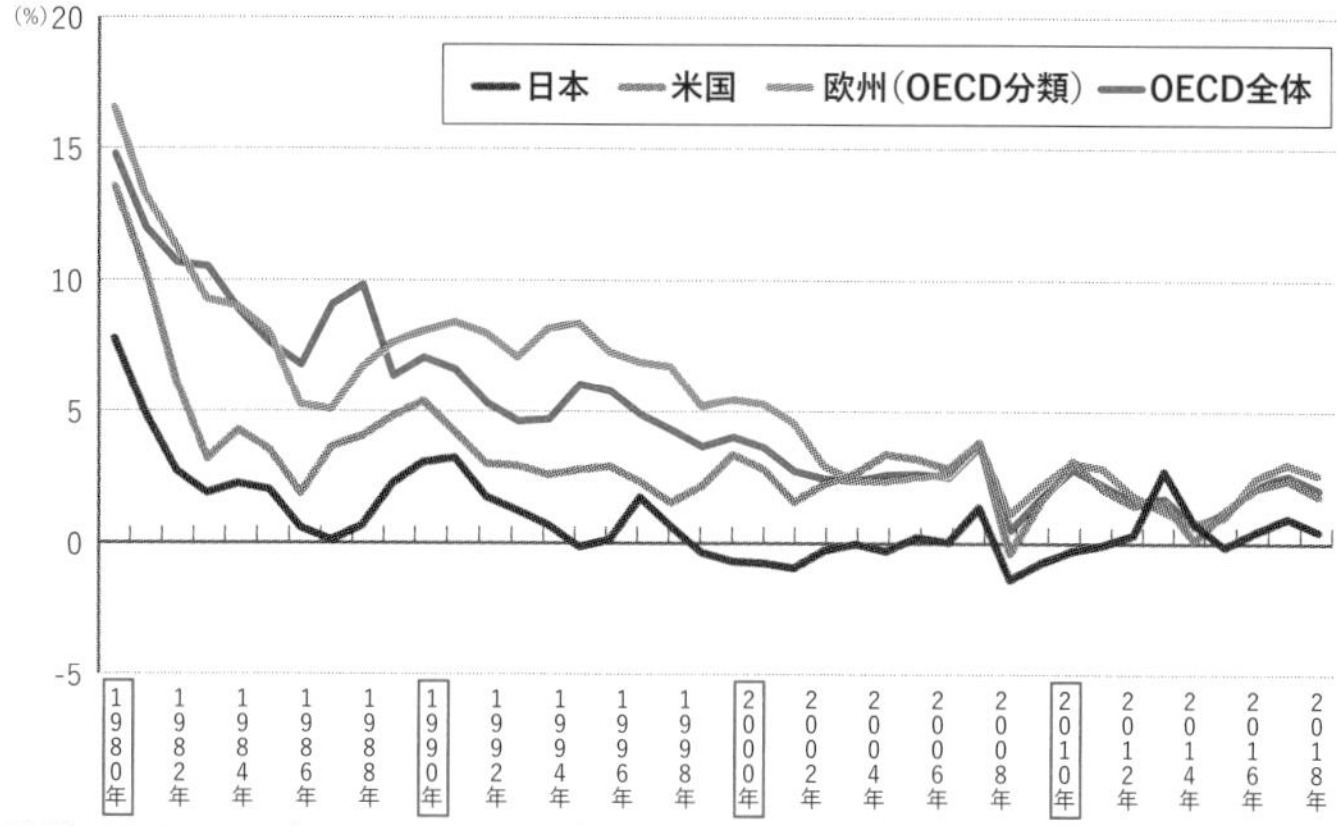

（出所）：OECD statistics「Consumer price indices (CPIs) - Complete database」のデータをもとに株式会社マネネが作成。

ちなみに、選択肢を見ればわかるように、物価自体は世界的に下落傾向にあります。

この背景には、先に挙げたようなインターネットの普及やＩＴ技術の発達に加え、グローバル化によって人件費が安くてすむ海外の労働力を活用できるようになったことで、生産効率が急速に向上しているという理由があると私は考えています。

では、クイズの答えです。

上図は**ＯＥＣＤ**（経済協力開発機構）(注47)のデータをもとに作成したグラフになります。このグラフを見れば日米欧の消費者物価指数の平均値（前年比）の推移が②となることがわかります。ちなみに、③は

(注47) **ＯＥＣＤ**
国際経済全般について協議することを目的とした国際機関で、「世界最大のシンクタンク」ともよばれている。加盟国は日本を含む34の先進国で、経済成長、開発途上国援助、多角的な自由貿易の拡大に加え、環境、エネルギー、情報・通信、教育、医療、金融など、多岐にわたる分野で積極的な活動を行っている。

日米欧ではなくOEDCの平均推移、①は日本の平均推移です。

こうして並べてみると、日本はかなり低い位置で推移していることがわかるでしょう。

●デフレは恐ろしい

ここまでインフレやデフレについて学んできましたが、私が学生に「デフレ」の説明をすると、「モノの値段が下がるんだから、家計にとってはプラスなんじゃないですか？」という意見をもらうことがあります。


みなさんもそう思うでしょうか？

人それぞれ、いろいろな考え方があるべきだと思いますが、この件については「強くNO」といっておきたいと思います。

前に挙げた例をもう一度思い出してみましょう。何かしらの要因で景気が悪くなり、人々が節約をし始めてモノが売れにくくなってきたとします。そうなると、企業はモノを売るために値段を下げますよね？

たしかに、この部分だけを見れば、モノが安く買えるようになるから「ラッキー」と思うかもしれませんが、それは物事を一部の視点からしか捉えられていません。多くの人が普段は企業で働き給料をもらっています。つまり、**多くの人は家計（消費者）としての立場だけではなく、企業に勤めている人（労働者）でもある**わけで、そのことにも考えを巡らせる必要があるのです。

どういうことかというと、モノが売れず値段を下げて売った場合、売上は値段と数量を掛け合わせたものですから、売れた量がこれまでと同じであれば、値段を下げた分、売上も減ってしまいます。

企業はボランティアではなく、利益を出すことが目的なので、なんとかして利益が出るように対応します。原材料の値段が都合よく値下げに合わせて下がることはまずないですから、そうなると人件費を下げるか、海外進出や工場新設など計画していた投資をやめるといった判断が必要になってきます。

前者の人件費を下げるとなると、ボーナスをカットしたり、予定していた昇給を見送ったりもあるでしょうし、最悪の場合は解雇もあるでしょう。収入が下がった人々はいままで以上に節約をします。そうなると、企業はさらにモノの値段を下げます。この

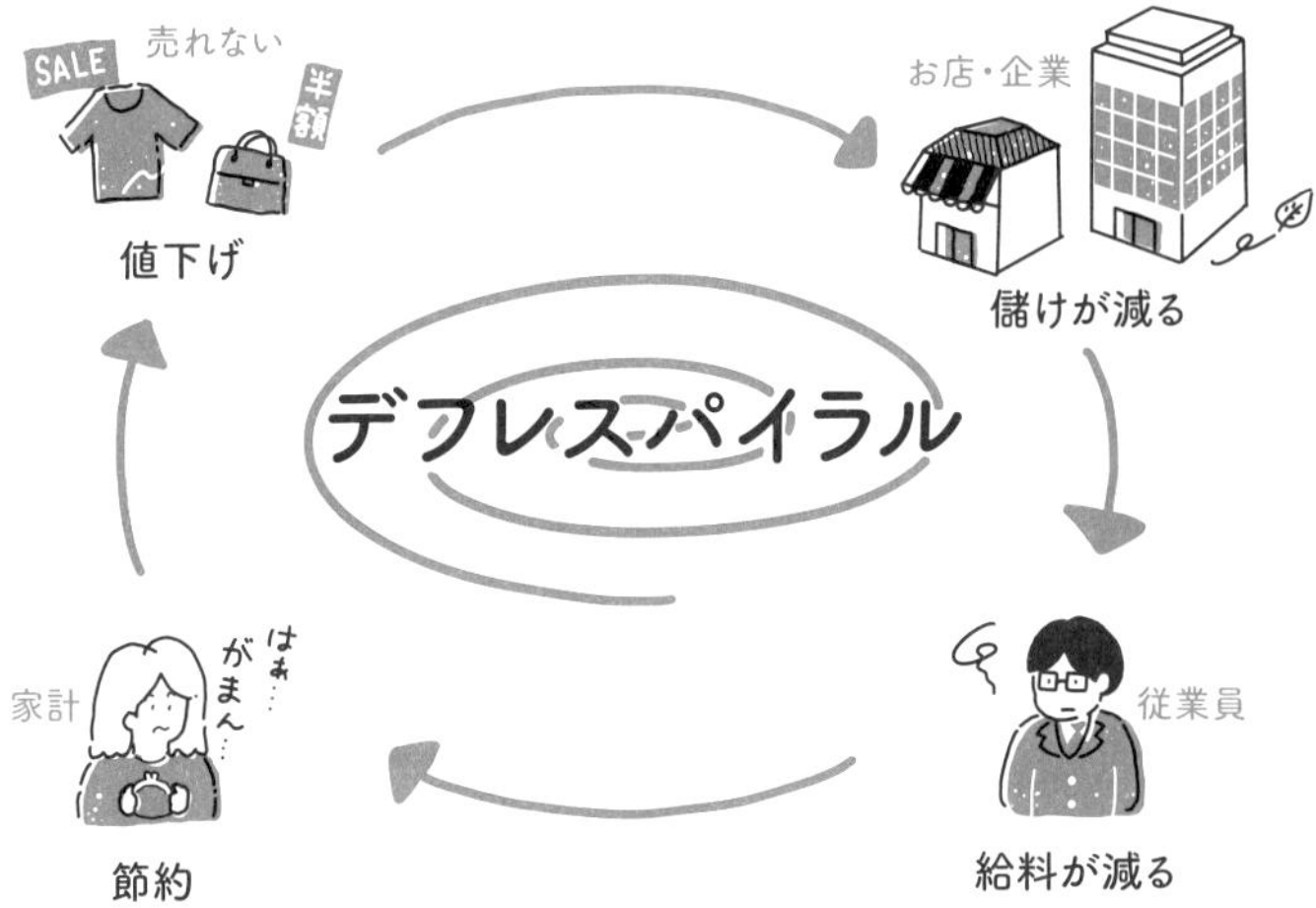

繰り返しでどんどん景気が悪くなり、物価が下がり続ける悪循環を「**デフレスパイラル**」ともいいます。どうでしょうか。この説明を聞いてもなおデフレは歓迎すべきものだと思いますか？

私たちが住む日本は長いことデフレに苦しんでいます。この20年ぐらいを振り返ってみても、次ページの図の点線で囲っている期間はデフレの状態に陥っていたということですから、いかに長いこと日本がデフレを脱却できなかったがわかるでしょう。ちなみに、執筆現在（２０２１年４月）、再び日本はデフレ経済に突入しようとしています。

各種消費者物価指数の推移

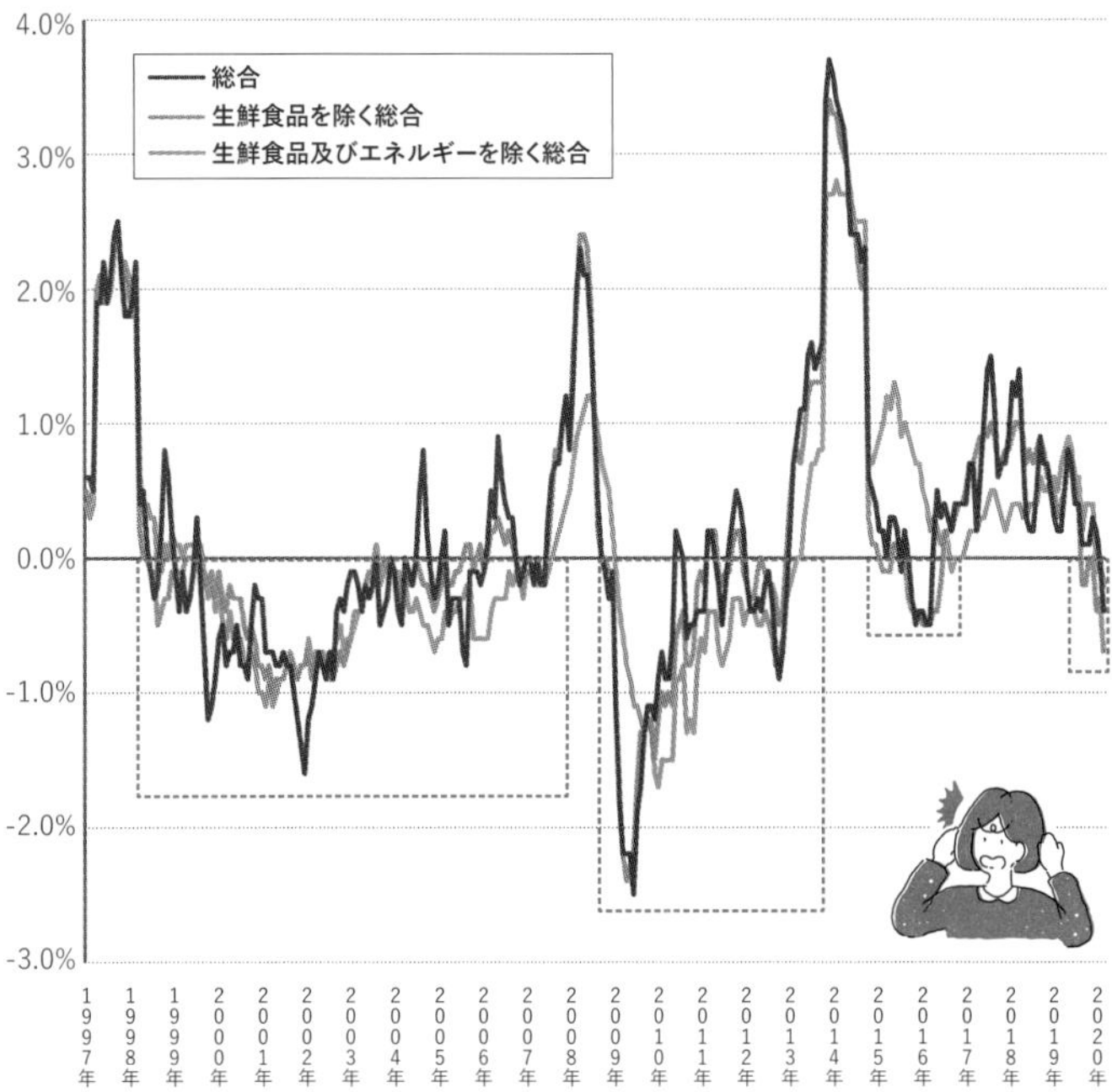

（出所）：総務省「消費者物価指数」のデータをもとに株式会社マネネが作成。

5sho 06

経済政策って何だろう？

●国だけが国民を救える？

「政府は○○による景気の悪化を受けて、総額△△兆円規模の緊急経済対策を実施すると発表した」

近年よく見たり、耳にしたりするフレーズです。天変地異や金融危機などによって国内の景気が悪化すると、国は経済政策によって経済を立て直そうとします。

その流れを簡単にいうと……。

①景気が悪化すると企業の儲けが減りますから、労働者の給与などの所得が下がったり、なかには職を失ったりする人も出てきます。

②その環境がいつ終わるかわからず先行きが不透明な状態だと、多くの人は将来に備えてなるべくお金を使わないようにして貯金します。
③みんながモノを買ったり、サービスを受けたりすることを控えるわけですから、企業の業績はさらに悪化し、ひいては再び労働者の所得が減少し、職を失う人が増えていきます。

この**負の連鎖を防ぐために国は経済政策を行う**のです。

●正しいことを行っているのに景気が悪くなる

先の②のように、景気が悪化した際は個人や企業が個別に対応をすることはできます。それこそ個人であれば節約をしたり、企業であれば新規採用を止めたりするなどの対応が考えられるでしょう。しかし、多くの人や企業がこのような対応をすると国全体では経済環境がさらに悪化してしまうことになるのです。

このように、**各自では正しいことをしているのに、全体で見ると望ましくない結果が起きてしまうことを「合成の誤謬（ごびゅう）」**といいます。

では、ここでクイズといきましょう。

といっても、三択クイズばかりを出されても飽きてしまうでしょうから、今回は頭の運動をしてみてください。

問題

あなたの身の回りで起きた「合成の誤謬」といえる出来事を思い出してください。


どうでしょうか? 何か思い出すことはできたでしょうか?

答えの参考までに我が家で起きた出来事をご紹介しましょう。

我が家には子どもが3人いますが、まだ長女、次女、長男3人とも未就学児の時の話です。おしゃべりができるようになり、お店の存在を理解し始めると、一緒に散歩をしている時に娘たちは自分が知っている看板を見かけては、お店の名前と業態を教えてくれます。「セブンイレブン、コンビニ」といった具合です。

ある日、駅の近くで銀行を見つけると、「あのお店は何?」と聞いてきました。いまとなっては反省していますが、当時は何となく「お金を預けるお店だよ」とだけ説明を

正しいことをしているのに…

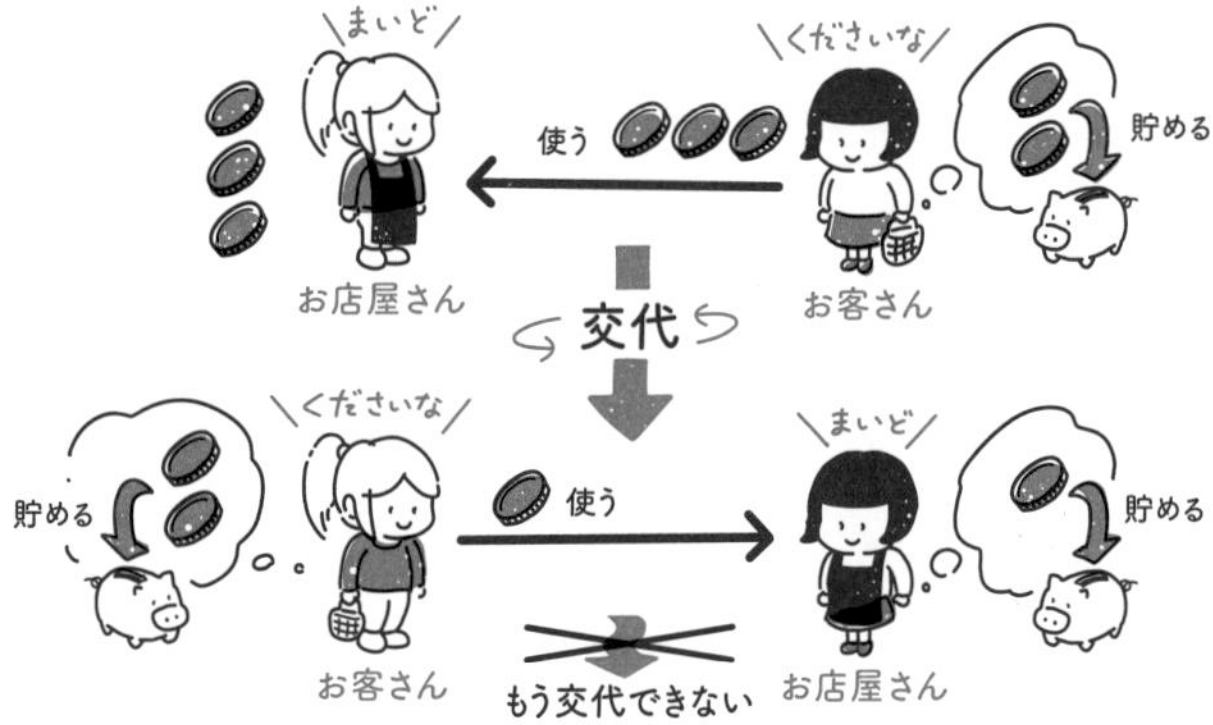

合成の誤謬

しました。すると、娘は「それはおかしい」といいました。

我が家ではお小遣いは豚の貯金箱に貯めているので、わざわざ銀行に預ける必要がないと。そこで、「銀行に預けると少しだけお金が増えるんだよ」というと、「そうなんだぁ」といって、その時の会話は終わりました。

後日、娘2人がいつものように家でおままごとをしていると、お客さん役の長女が全てのお金を使い切らずにお店屋さん役の次女と役を交換したのです。「なんでお金を使い切らないの？」と聞くと、長女は一部のお金は銀行に預けているといいました。

すると、今度は次女も真似をしてお金を一部残して、再び役を交換しました。
もうみなさんは気づきましたよね？　このまま何度も役を交換していると、そのうちお金がなくなってしまっておままごとを継続できなくなるのです。

娘は2人とも貯金をしていましたが、それは決して悪いことではありません。日本では節約の一環としてムダ遣いをせずに貯金をすることが「よし」とされていますから、問題のある行動ではないでしょう。

しかし、その結果、経済活動であるおままごとは止まってしまったのです。そこで、私は他の場所からおもちゃのお金を持ってきて、再び子どもたちにおままごとを続けさせました。いわば国が市場にお金を供給する緊急経済対策みたいなものですね。

●金融政策と財政政策

さて、経済政策には前述したように**悪化した経済環境を改善させて経済成長を実現するという**目的がありますが、それ以外にも**完全雇用や物価を安定させる**こと、不公平をなくすべく**所得・資産の再配分、環境破壊の防止**などの目的もあります。

それを実現させるための手段として「金融政策」と「財政政策」いう2つの方法があります。

「金融政策」は金利を上下させたり、お金の量を調整することで、景気をコントロールします。たとえば、景気が悪い時に金利を下げれば、企業も人もお金を借りやすくなり、工場への投資や住宅購入など経済活動が活性化することが期待できます。景気が過熱している時は反対に金利を引き上げて意図的に景気を冷ますのです。

一方で**「財政政策」は公共投資や税率を変更すること**を指します。たとえば、景気が悪い時に国がダムや橋の建設をすれば、新しい工事のために求人が増えるので雇用が増えますし、建設会社だけでなく、建設に関係する関連企業にも売上が発生します。

また、減税をすれば消費を活性化させることも期待できます。たとえば、**住宅ローン減税**(注48)などはいい例でしょう。反対に税率を引き上げれば消費を冷ますこともできます。たばこ税の引き上げで禁煙したという方は私の周りにもいます。

(注48) 住宅ローン減税
正式な名称は住宅借入金等特別控除といい、個人が住宅を取得したり、増改築する時に組んだローンが一定の要件を満たした場合、年末のローン残高の1%が、所得税から控除できる（支払った所得税が戻ってくる）というもの。

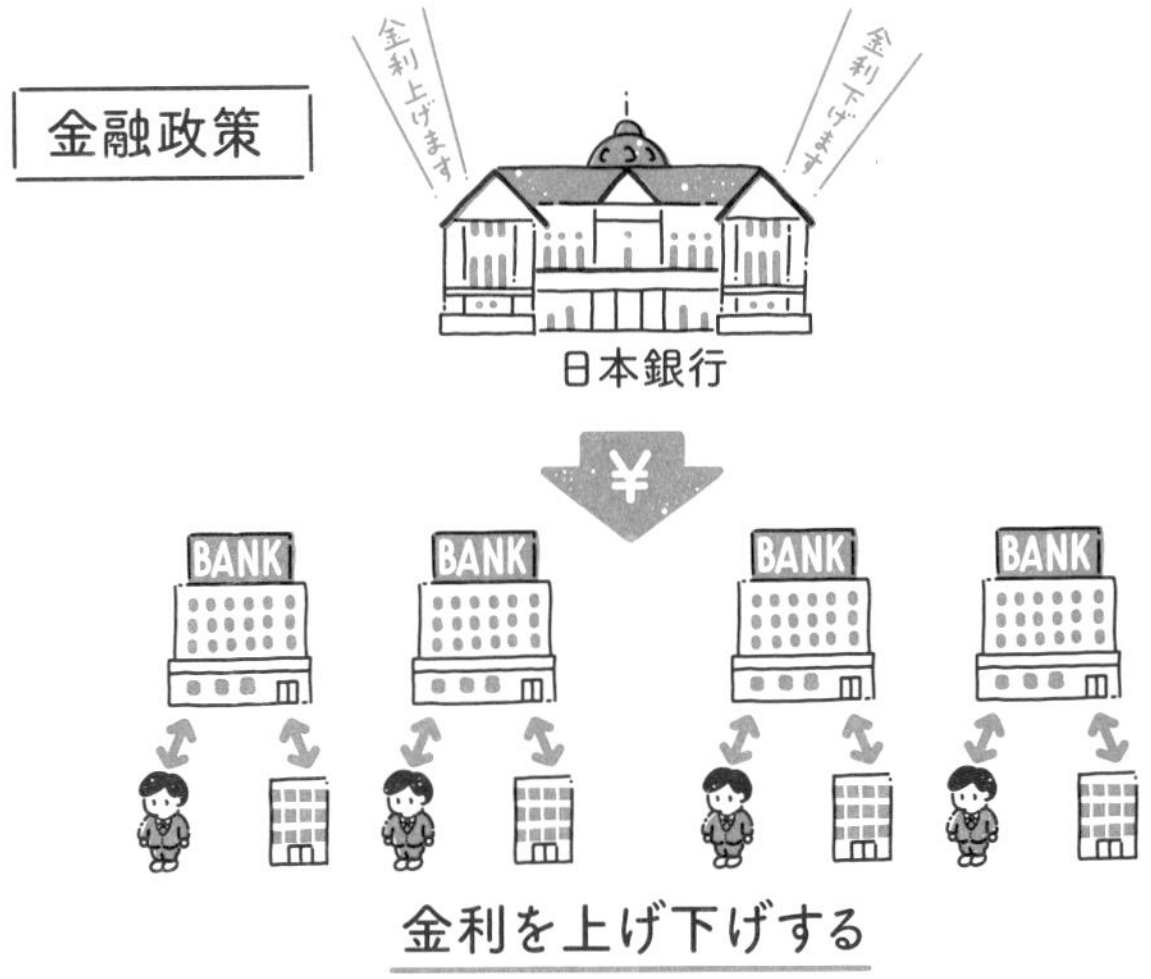
金融政策
金利上げます
金利下げます
日本銀行
¥
BANK
BANK
BANK
BANK
金利を上げ下げする

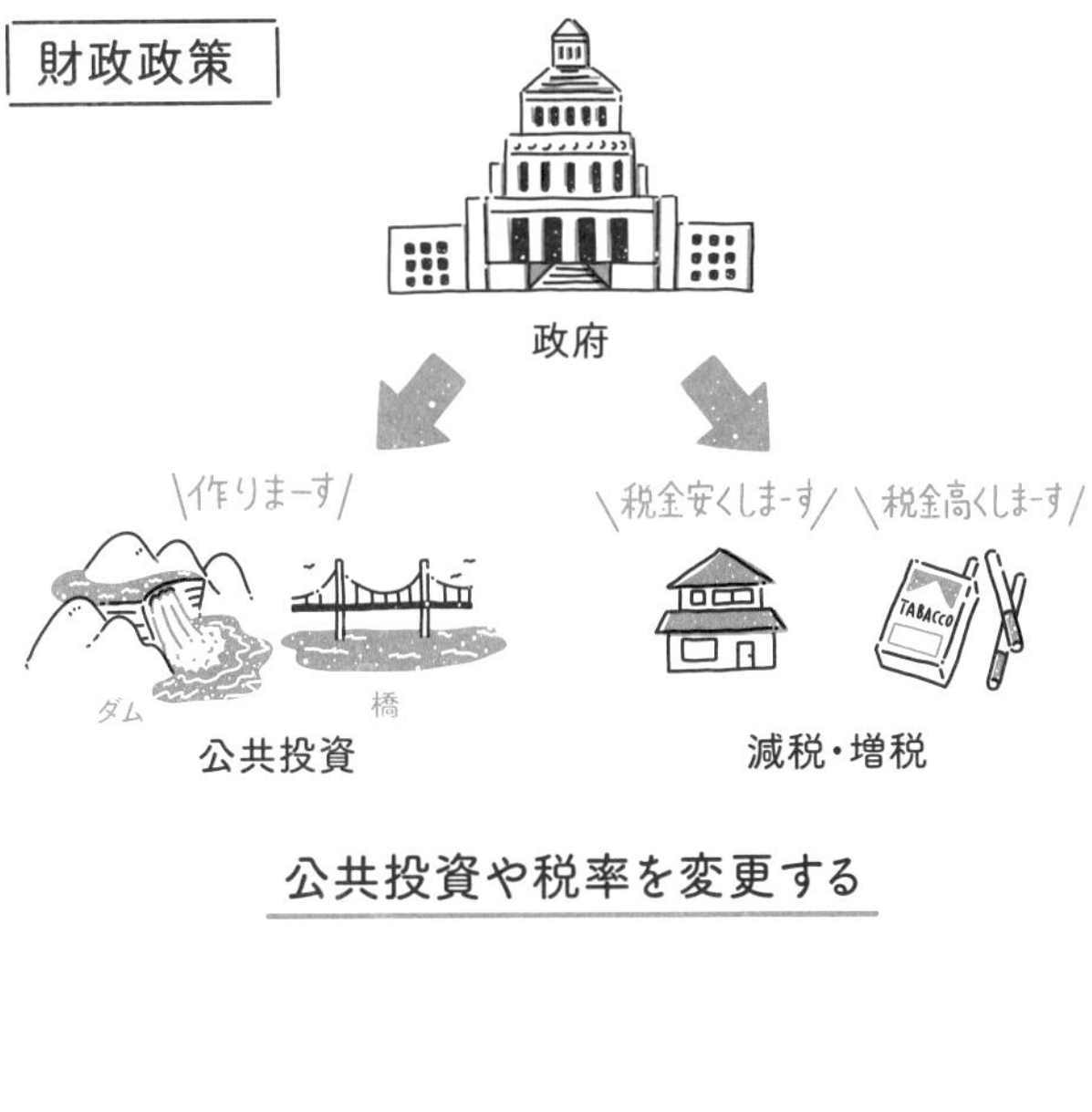
財政政策
政府
\作りまーす/
\税金安くしまーす/
\税金高くしまーす/
TABACCO
ダム
橋
公共投資
減税・増税
公共投資や税率を変更する

5sho 07

円高、円安と私たちの関係

●円高、円安って何？

ニュース番組を見ていると、「今日のニューヨーク**外国為替市場**（注49）で円相場は上昇し、前日と比べ35銭円高・ドル安の1ドル＝104円15銭で取引を終えました」といった情報はどの番組でも流れます。

日本であれば円、米国であればドル、英国であればポンドといった具合に、多くの国がそれぞれ自国の通貨を持っています。

ここでしっかり理解しておきたいのが「円高、円安」の考え方です。

それでは、さっそくクイズからいきましょう。今回は1つのテーマのなかで二択の問題を2つ用意しました。とてもシンプルなクイズなので、しっかりと答えを頭に思い浮

（注49）外国為替市場
円やドルなどの異なる通貨を交換（売買）する場の総称で、実際に取引所があるわけではない。取引の形態は、個人や企業が金融機関と行う取引と、金融機関同士が直接または外為ブローカーを通じて行うインターバンク取引の2つに大きく分けられる。

かべてから読み進めてください。では最初の問題です。

問題

「1ドル＝100円」が「1ドル＝80円」になった場合、これは円高でしょうか？　円安でしょうか？

1 円高
2 円安

ちなみに、私は父親の仕事柄、子どものころから経済の情報に触れることが多かったのですが、小学生の時は円高と円安を判断するのが苦手でした。

おそらく文字情報から**為替**(注50)の影響を考えようとしていたからだと思います。ただ、しっかりと理屈で理解すれば、小学生でも難しいことは少しもありません。

文字情報から為替の影響を理解しようとするというのは、「1ドル＝100円」が「1ドル＝80円」になると、円の前の数字が小さくなっているから、なんとなく円が安くなっている印象を受けてしまい、円安になったと思ってしまったということです。

(注50) 為替
現金を直接使わず支払いをすることを指す言葉。日本で為替が広まったのは江戸時代で、たとえば江戸と大阪の商人が取引をする場合、遠路はるばるお金を運ぶのが危険なため、両替商に代金を渡し、支払いの約束をした為替手形を発行してもらい取引に使ったという。

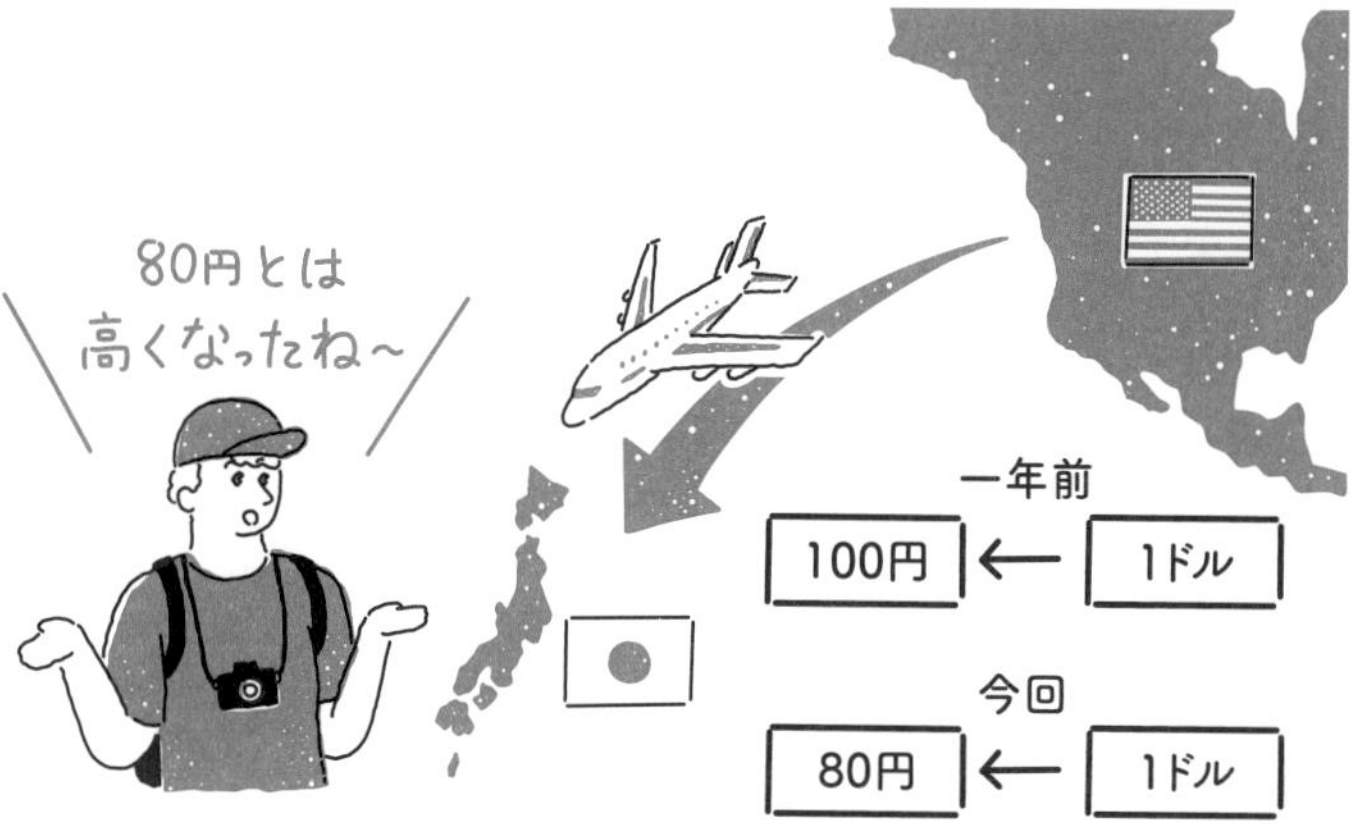

円高＝円の価値が上がること

これを理屈で考えてみるとこうなります。米国人が日本にきた際に1ドル出したら100円もらえるか、80円もらえるか。

なので、「1ドル＝100円」が「1ドル＝80円」になれば1ドルでもらえる円の額が減るわけですから、ドルの価値が下がる。

ということは？　そう、円の価値は上がっているわけです。つまり、答えは①の「円高になる」になります。

●円高と円安はどっちが得なの？

では、多くの人が海外旅行に行くわけでもないのに、毎日のようにニュースで為替相場の話が出てくるのはなぜでしょうか？

それはこの為替相場が日本経済にとって重要なことだからです。為替相場は自国の通貨と海外の通貨の話ですから、海外と貿易をしたり、海外へ投資をする企業に大きな影響があるというのは容易に想像できるでしょう。

それでは、ここで2つめのクイズです。

問題

為替相場が大きく円安方向に動きました。たとえば「1ドル＝80円」から「1ドル＝100円」になったとしましょう。日本の輸出企業には追い風になるでしょうか？ それとも逆風になるでしょうか？

1 追い風になる
2 逆風になる

すでに為替相場については理屈で考えられるようになったと思いますので、今回は簡単だったかもしれませんね。

たとえば、1台100万円の自動車を売っている日本企業が米国に輸出した時のことを考えましょう。

「1ドル＝80円」の場合だと、米国では1台1万2500ドルということになります。

次に円安になって「1ドル＝100円」の場合はどうでしょうか？

米国だと1台1万ドルになります。自動車の性能は何も変わらないし、日本国内での販売価格も変わりはないのに、為替相場の影響を受けて、円安だと海外での販売価格は安くなります。

こうなると、米国国内では価格競争力を持つことになり、円高の時よりも多く売れる可能性が出てきます。つまり、先程の答えは①の追い風になるということになります。

●私たちの暮らしにも影響がある為替相場

為替相場の変動は何も日本経済や企業の業績だけではなく、私たちの暮らしにも影響を与えます。一番わかりやすい例でいえば、海外旅行です。当然、円高の時に海外旅行に行ったほうがお得です。

先程、**円安が輸出企業には追い風になる**といいましたが、当然逆の立場から見れば逆の現象が起きます。つまり、**円安になると輸入価格は上昇する**のです。そうなると、私たちが買うものの値段が上昇するかもしれません。なぜならその商品が国産品であれば

ドル円相場の長期推移

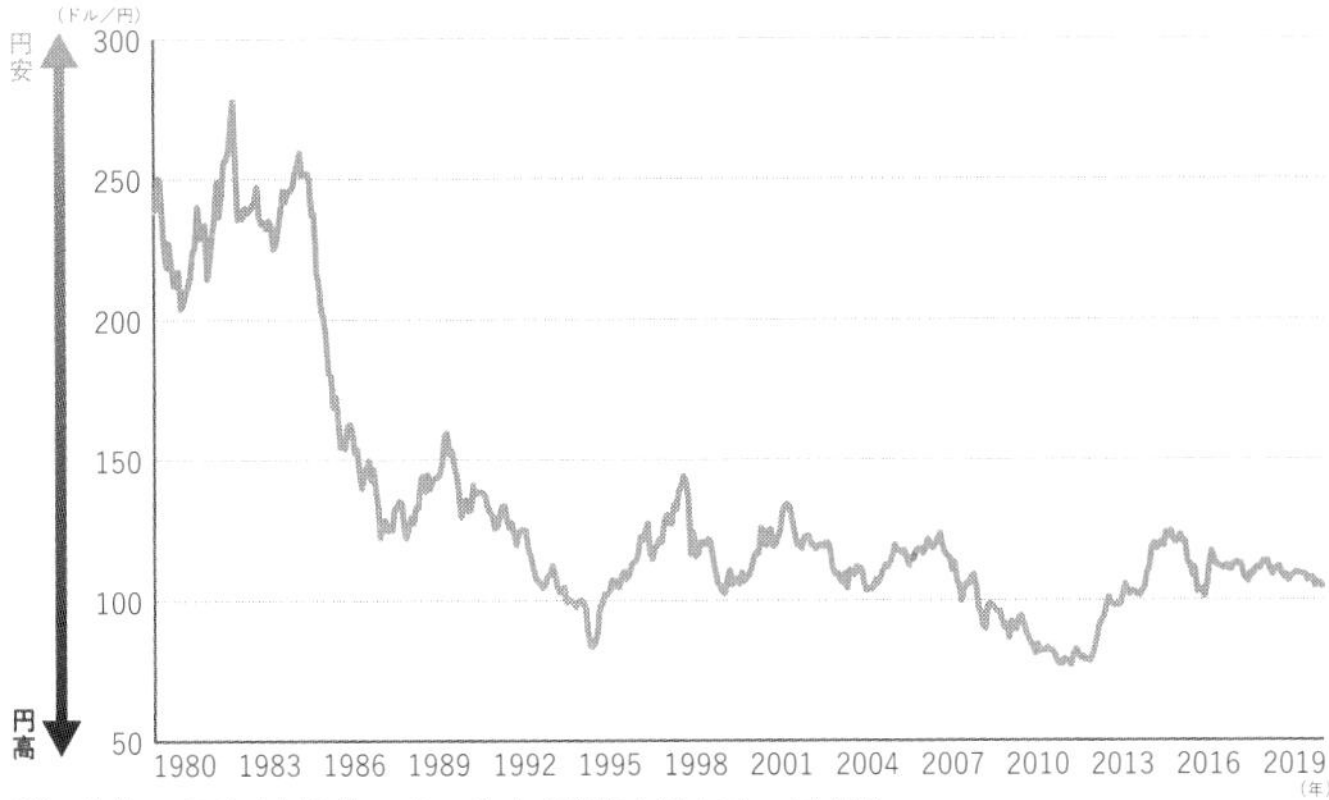

（注）：為替レートは東京市場、ドル・円、スポット、17時時点/月末のレートを使用。
（出所）：日本銀行のデータをもとに株式会社マネネが作成。

関係ありませんが、輸入品であれば為替相場の影響は受けてしまうからです。

　ではここで、ドル円の為替レートの推移を長期で見てみましょう。

　1985年頃に一気に円高が加速したのがわかります。1985年は私が生まれた年でもあるのですが、9月には「**プラザ合意**(注51)」によって、ドルに対して主要先進国の通貨が一気に切り上がった（日本でいえば急激な円高になった）という出来事がありました。

　ここで1つ注意して欲しいのは、円安が輸出企業には追い風になると書きましたが、だからといって**円安だから輸出企業の株に**

(注51) プラザ合意
1985年9月に先進5か国の蔵相・中央銀行総裁がニューヨークのプラザホテルに集まり、他の通貨に対して高すぎるドルを適正なレートに戻すため話し合い発表した合意。その後1年程度で1ドル240円だった為替レートが150円台になった。

投資すれば必ず儲かるという安易な発想はしないで欲しいということです。

たしかに円安になれば輸出企業に有利であるということは考え方としては正しいのですが、実際は様々な手法によって企業は為替変動の影響を受けないような対応をしています。

当たり前ですよね。価値ある商品を作って売ったにもかかわらず、それによって得られる利益が為替相場によって大きく変動してしまうのでは、経営者にとっては将来の事業計画を立てるのが難しくなってしまいます。

ですから、理屈では円安になると輸出企業に有利であっても、実際はそこまで影響が出ないようになっているので、円安だから輸出企業の株に投資をするというのは、「正しい判断である」とはいい切れないということです。

5sho 08

消費税はなぜどんどん上がるの？

●また上がった消費税

日本のＧＤＰのうち、６割弱は民間の消費が占めています。この消費にかかる税金（消費税）が２０１９年10月に８％から10％へ引き上げられました。

消費税は見方を変えれば消費に対する罰金ですから、その税率が引き上げられれば消費は冷え込み、結果的に景気には悪影響を与えます。そのため、２０１９年10月の消費税の引き上げには反対する声もありましたが、前回（５％→８％）よりも引き上げ幅が小さいことや、増税と同時に**軽減税率**(注52)が導入されることなどを理由にそこまで悪影響はないとする専門家も多く、結果的には予定通り実施されてしまいました。

(注52) **軽減税率**
「酒類・外食を除く飲食料品」と「定期購読契約が締結された週2回以上発行される新聞」の譲渡には、軽減税率が適用され増税後も引き続き消費税率が8％に据え置かれる制度のこと。たとえば、コンビニなどでは飲食料品の持ち帰りが8％でイートインが10％と、その区分けが複雑なことも話題となった。

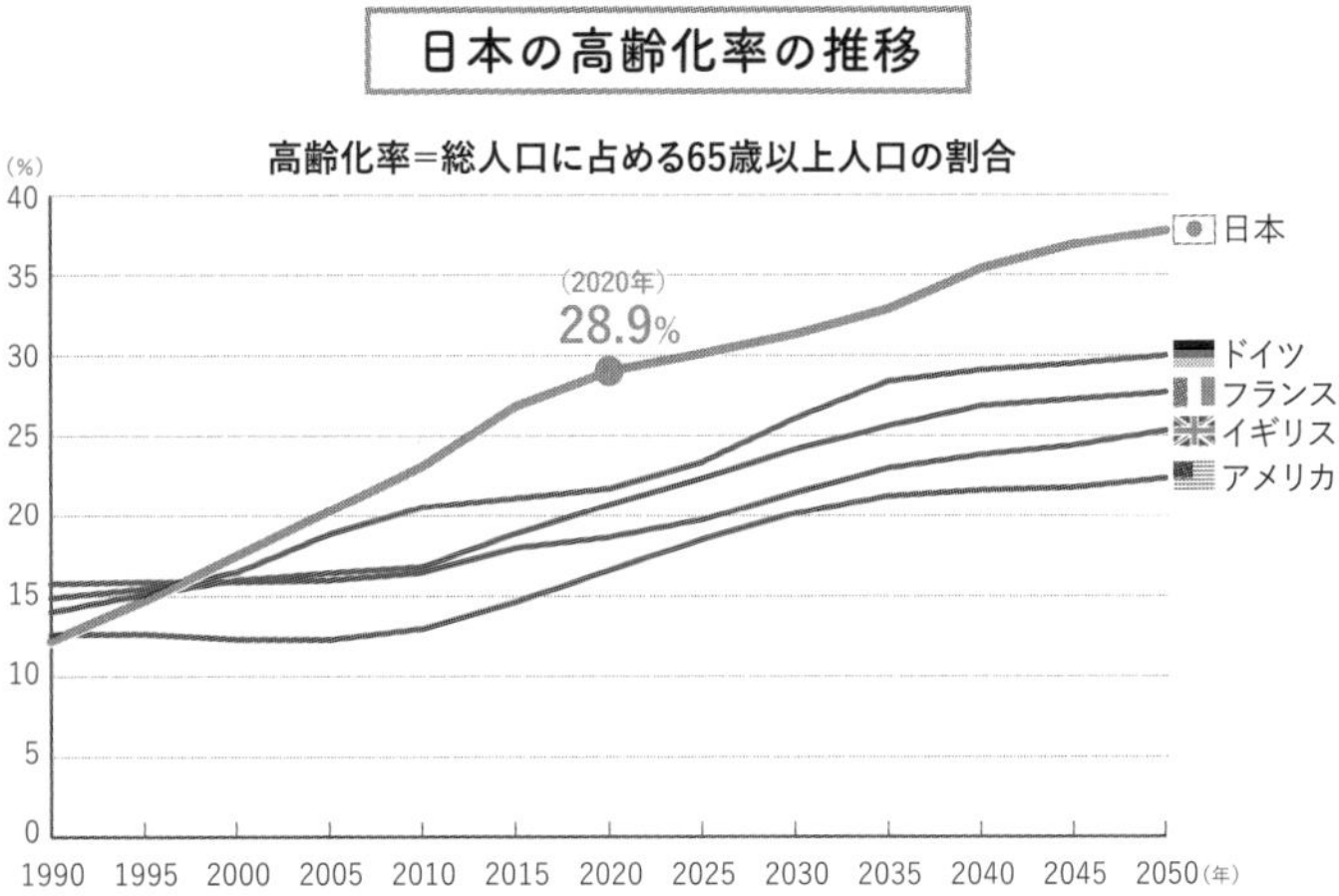

（出所）：日本は総務省「人口推計」、国立社会保障・人口問題研究所「日本の将来推計人口（平成29年4月推計）」
諸外国は国連"World Population Prospects 2019"より。

消費税は1989年に3%で導入され、その後は1997年に5%、2014年に8%と引き上げられていき、前述の通り2019年に10%へと引き上げられました。

消費税については個人的に思うことが多くありますが、内容に偏りが出ないよう財務省の説明にもとづいて概要を説明します。

消費税を徴収する理由としてよく出てくるのは「社会保障」という言葉です。社会保障は、年金・医療・介護・子育てなどの分野に分けられます。これら社会保障は国の一般会計歳出の約3分の1を占める我が国最大の支出項目となっています。

社会保障制度は基本的に保険料による支

え合いです。会社に勤めると、給料の一部を社会保険料として徴収されます。

しかし、その**保険料のみでは現在の社会保障を支えるのには足りないだけでなく、負担が現役世代に集中してしまうため、消費税で徴収したお金も充てている**のです。

2020年7月に財務省が公開した「これからの日本のために財政を考える」という冊子の中では「消費税率引上げによる増収分は全て社会保障に充て～」という記載があります。

この社会保障費が増加している理由は少子高齢化にあります。日本は世界全体で見てもトップレベルで高齢化が進んでいます。高齢化が進めばそれに応じて社会保障の費用は増え続け、税金や借金に頼る分も増えていくということなのです。

今後、高齢化はさらに進展し、いわゆる「**団塊の世代**(注53)」が2022年には後期高齢者である75歳以上になっていきます。75歳以上になると、1人あたりの医療や介護の費用は急増することから持続可能な社会保障制度を作るために残された時間はわずかという主張がされており、消費税が20％台の欧州各国に比べればまだ日本の税率は低いことから、今後も消費増税をするという話が出てくる可能性は十分にあります。

(注53) 団塊の世代
戦後のベビーブームに生まれ、高度経済成長やバブル経済期を経験し、日本の「右肩上がり」を実感した世代。2025年にはこの世代が大量に75歳以上になり、社会保障費がピークに達すると懸念されている（2025年問題）。

各種税収の推移

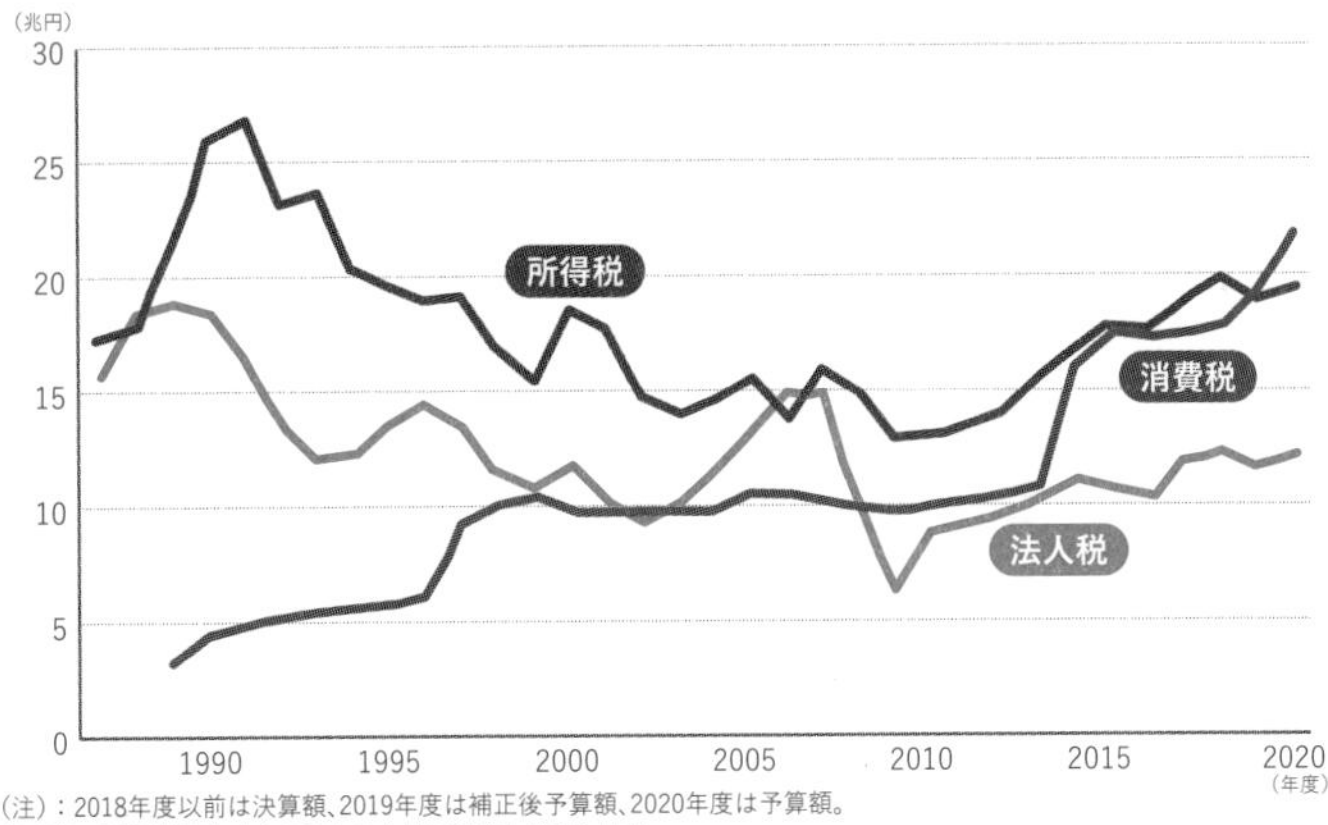

(注)：2018年度以前は決算額、2019年度は補正後予算額、2020年度は予算額。
(出所)：財務省「これからの日本のために財政を考える」より。

消費税が社会保障の財源となるのは税収が景気の変化に左右されにくく安定しているという特徴があるからです。

消費税が安定財源だということはあくまで徴収する側の観点であり、徴収される側から見れば、景気の変動に関係なく徴収される税金であるという考え方を持ちましょう。82ページで紹介した所得税のように累進性がなく、収入や資産の多い少ないに関係なく消費はするわけですから、低所得者や貧困層には非常に厳しい税といえるでしょう。

日本の財政状況はヤバいの？

では、景気が悪化するリスクを取ってまで増税をしなければならないほど、日本の財政状況はまずい状態にあるのでしょうか？

国の財政状況を表す際に、税収を生み出す国の経済規模（ＧＤＰ）に対して総額でどれぐらい借金をしているかという「債務残高の対ＧＤＰ比」という指標を用いることがありますが、主要先進国と比較をして日本の財政状況を確認してみましょう。とその前にクイズです。

問題

2017年における日本の「債務残高の対GDP比」は何%でしょうか？

1 65・3%
2 105・9%
3 234・5%

ちなみに、債務残高の対ＧＤＰ比が１００％となっている場合は、ＧＤＰと同額の債務残高があるということになります。

それでは、クイズの答えはどうでしょうか？

左図はＩＭＦのデータをもとに財務省が作成して公開している資料です。

これを見れば正解は③の２３４・５％ということがわかります。

つまり、**我が国の債務残高はGDPの2倍以上あり、主要先進国のなかでもズバ抜けている**ことがわかりますね。ちなみに、政府の総債務残高から政府が保有する金融資産（国民の保険料からなる年金積立金等）を差し引いた純債務残高で見ても、他のＧ７諸国のみならず、世界で最も高い水準（１４９・８％）となっています。

●実態はどうなの？

ここまでの話やデータを見ていると、消費増税はしないで欲しいと思うものの、主要先進国と比較しても圧倒的に悪い財政状態を考えれば、それもまたやむなしかと思うかもしれません。私も学校ではそのような授業を受けましたし、地上波の経済番組を見ていても、主要紙を読んでいてもそのような論調ばかりですから、そう考えている国民が

債務残高の国際比較（対GDP比）

全世界における順位
（113か国中）

1	香港	0.1%
2	東ティモール	6.6%
⋮		
33	韓国	36.7%
⋮		
56	中国	46.1%
⋮		
85	ドイツ	65.3%
⋮		
98	英国	86.2%
99	カナダ	90.5%
⋮		
101	フランス	98.4%
⋮		
106	米国	105.9%
⋮		
110	イタリア	134.1%
⋮		
113	日本	234.5%

※ 数値は2017年の値。

主要先進国の推移

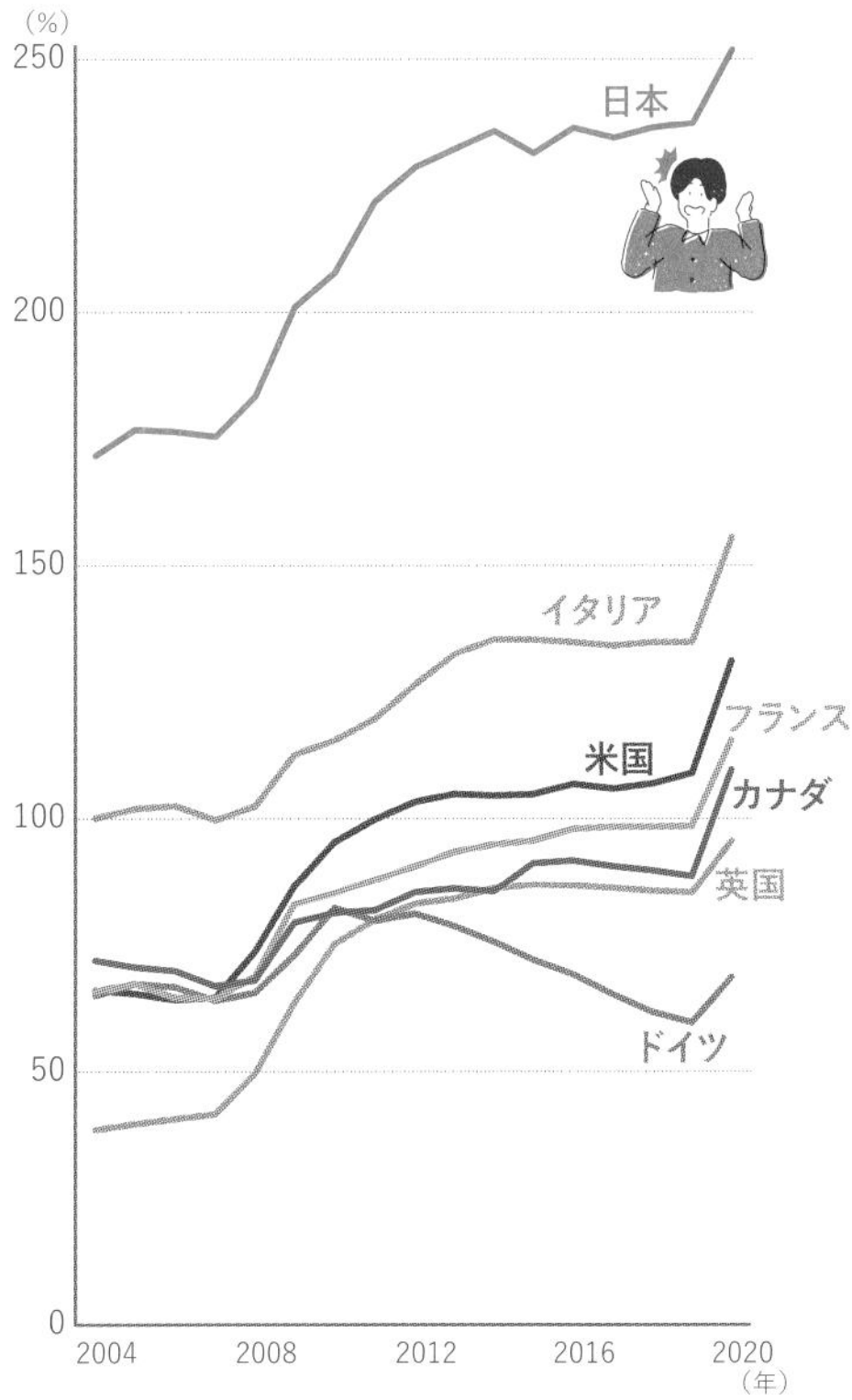

（出所）：財務省資料より。

大多数でしょう。

２０２０年度当初予算の国の一般会計歳入１０２・７兆円は左ページの図のように税収と公債金（借金）で構成されています。**歳出全体の約3分の2は税収でカバーできていますが、残りの約3分の1は公債金（借金）によって賄われています。**

それなら税率を引き上げずに国の借金、つまり国債で賄えばいいじゃないかと思う方もいるかもしれません。ただ、「この借金の返済には将来世代の税収等が充てられることになるため、将来世代へ負担を先送りすることになる」という反対意見や、「国が国債を発行しすぎるとお金の価値、つまり我が国の場合は円の価値が暴落し、ハイパーインフレ（急激な物価上昇）が起こる」という反対意見が必ず出てきます。

このように反論されてしまうと、将来世代にツケを残したくないし、ハイパーインフレが起きて経済がボロボロになるのも怖いから、やっぱり消費増税は仕方ないとなってしまうわけです。そこで次の項目ではこの昔からある反対意見が本当に正しいのかを見ていきましょう。

2020年度当初予算

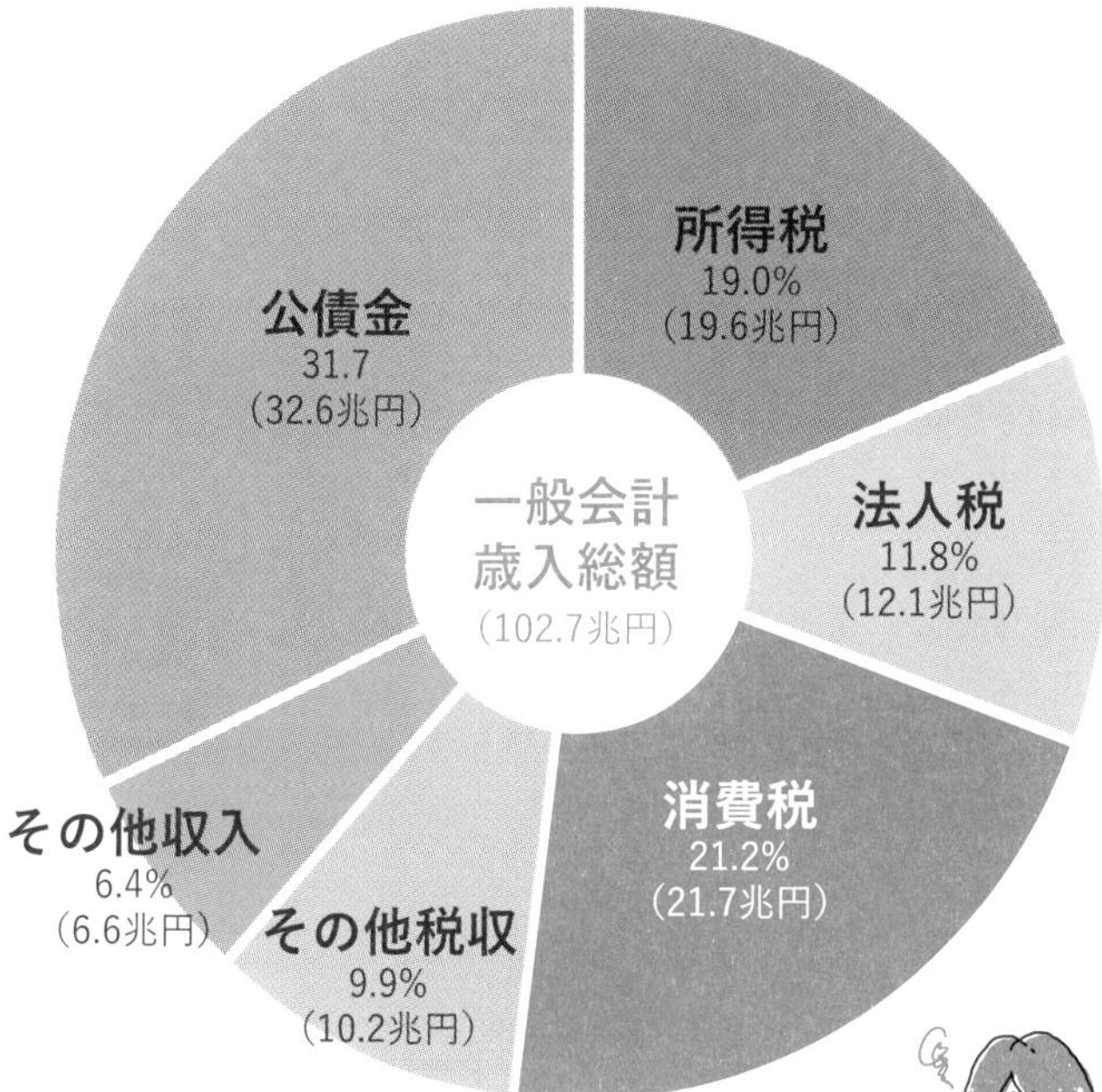

(出所):財務省「これからの日本のために財政を考える」より。

5sho 09

国の借金って何ですか？

●誰かの赤字は、他の誰かの黒字

前項目では財政破綻やハイパーインフレが怖いから、消費増税をして増大していく社会保障費を賄っていこうと考える人が多いと書きました。

実際にテレビでも新聞でも似たような論調ばかりです。たとえば、「**国の借金（国債、借入金、政府短期証券を合計）が2020年12月末時点で1212兆4680億円**となり、過去最大を更新。2020年8月1日時点の総人口が1億2333万人なので、国民1人あたり約983万円の借金を抱えている計算になる」という話はよく聞きますよね？

この表現、計算上は間違ってはいませんが、少し不思議に思いませんか？　商業高校

Aさん　Bさん

	借方	貸方
資産	資産が増えた	資産が減った
負債	負債が減った	負債が増えた
純資産	純資産が減った	純資産が増えた
費用	費用が増えた	費用が減った
収益（売上）	収益が減った	収益が増えた

（出所）：著者作成。

を出ている方や、会社の経理部で働いている方、自営業やフリーランスの方で自分で帳簿をつけている方は特に強い違和感を覚えるかと思います。

違和感を覚えない人のために、ちょっと会計の話をします。お金の流れを簿記の知識をもとに記帳していく場合、必ず次のルールに従って仕訳をしていきます。

たとえば、ＡさんがＢさんから１００円を借りてきた場合、借入金という負債が１００円増えるので右側（貸方）に１００円が記入されますが、一方で口座にお金が振り込まれて預金という資産も１００円増えるので、左側（借方）にも１００円が記入されます。

預金100円／借入金100円

Aさん

借りた側（Aさん）はこのように仕訳をしますが、これをBさん、つまり貸す側から見れば、貸し出したことで将来返済される貸付金という資産が発生し、一方で預金という資産が減りますから次のように仕訳をすることができます。

貸付金100円／預金100円

Bさん

急に簿記の話をしてどうしたんだ？

と思われるかもしれませんが、このような**複式簿記**（注54）という会計の考え方にもとづけば、誰かに資産が発生したら、どこかで負債が発生しているはずという当然のことに気付くのです。

それでは、「国の借金が」と国の負債の話をするのであれば、その一方で誰かの資産の話も出ないとおかしいと思いませんか？

簿記の話をされてもわからないという方のために、もう少しかみ砕くならば、Aさん

（注54）**複式簿記**
本文でも紹介しているように貸方と借方に分けてお金の取引を記録するやり方。これに対し、単式簿記は取引を1つの科目に絞って記録するやり方で、家計簿、預金通帳、小遣い帳などがそれにあたる。

がBさんから100円でアメを買ったら、Aさんはお財布から100円が減りますが、Bさんはお財布に100円が増えるとなります。こちらのほうが理解しやすいかもしれませんね。

誰が日本の国債を持っているの？

それでは、もう一度考えてみましょう。

「日本の国の借金が1212兆4680億円。総人口が1億2333万人なので、国民1人あたり約983万円の借金を抱えている」というのは計算は合っていますが、表現として正しいのでしょうか？

国の借金は国債の発行残高を指すことが多いのですが、発行できたということは誰かが買ってくれたということです。つまり、国債を買っている人が誰だかわかれば、これまで湧いてきた疑問を解消することができるかもしれません。

それでは、ここでクイズです。

問題

2020年9月末時点における国債等(※)の発行残高のうち、日本銀行が保有している比率は何%ぐらいでしょうか?

1 約10%
2 約25%
3 約45%

※「国庫短期証券」「国債・財投債」の合計。また、国債等は、一般政府(中央政府)のほか、公的金融機関(財政融資資金)の発行分を含む。

ちなみに、日本銀行は日本の中央銀行を指しますが、それ以外に国債を保有しているのは、民間銀行、保険会社、年金基金、家計、海外投資家などです。

では、クイズの答えはどうでしょうか?

左ページの図は日本銀行が発表している「資金循環統計」のデータから作成した国債の保有者内訳を比率で表現したものです。

これを見るとクイズの答えは③の約45%ということになります。

日本政府は日本銀行の株式の55パーセントを保有しており、事実上、政府は日本銀行

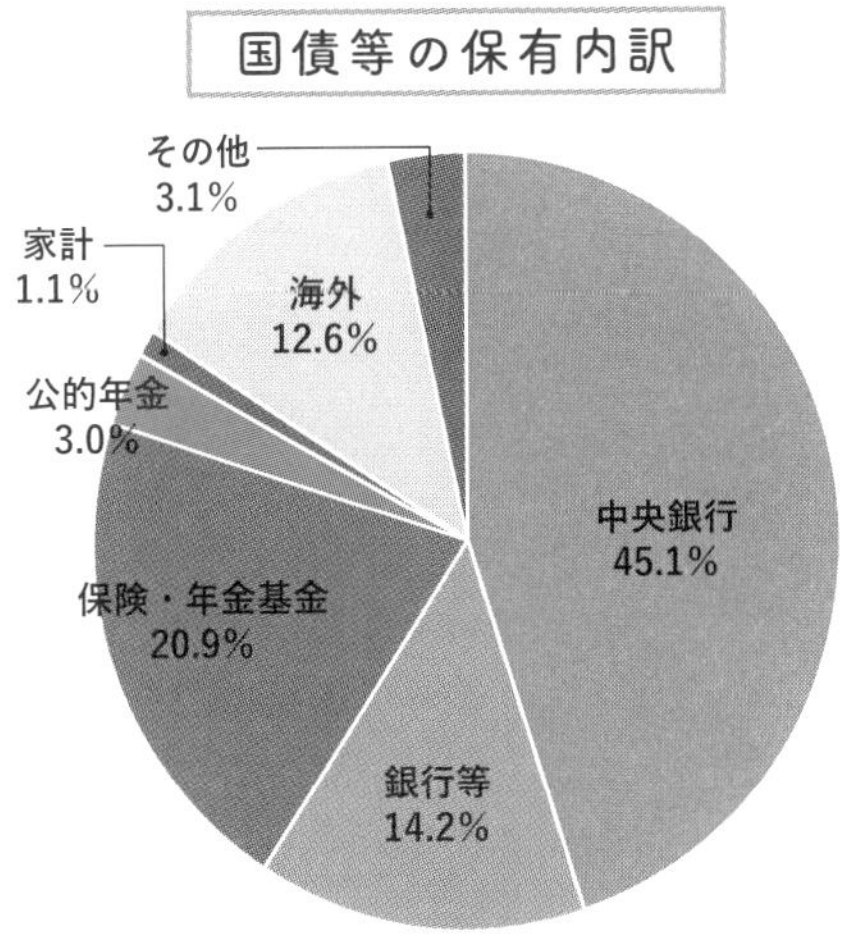

（出所）：日本銀行「2020年第3四半期の資金循環（速報）」のデータをもとに株式会社マネネが作成。

の親会社ということになります。連結決算の考え方からすれば、日本銀行の保有する国債（資産）は親会社（政府）の資産として考えられますし、そもそも日本銀行が政府の意思に反して保有する国債を投げ売ったりするのでしょうか？

このような話をすると海外投資家が一斉に売って手放すという人もいますが、全体の10％ちょっとの保有比率ですし、現状だと彼らが売ればすぐにその他の市場参加者が買うでしょう。

●財政破綻するのは怖いけれど……

この章の「モノの値段はどうやって決まる？」でも説明しましたが、モノの値段は需要と供給が一致する点で決まります。財政破綻を避けるために税率を引き上げて税収で賄うのではなく、国債を発行して賄おうとすると、国債の供給量が増えすぎて価値が暴落する。結果的に日本円も急落（外貨に対して安くなる）し、輸入価格の上昇などからハイパーインフレになるというロジックで消費増税の引き上げを正当化するのですが、2020年は新型コロナウイルスの世界的な感染拡大による景気悪化に対応すべく、日本政府は過去最多の国債を発行しました。

税収を上回る歳出を「ワニの口が開いている」という表現をすることが多いのですが、図を見ると2020年は国債発行が急増してアゴが外れて口が裂けてしまったことがわかります。

それでは、日本円は暴落したのでしょうか？

日本ではハイパーインフレが起きてしまったのでしょうか？

少なくとも、2020年末時点では、4年ぶりの円高水準で1ドル＝103円台でしたし、消費者物価指数は前年同月比でマイナスを続けており、ハイパーインフレどころかデフレへの再突入を懸念したほうがいい状態です。

日本の財政の状況

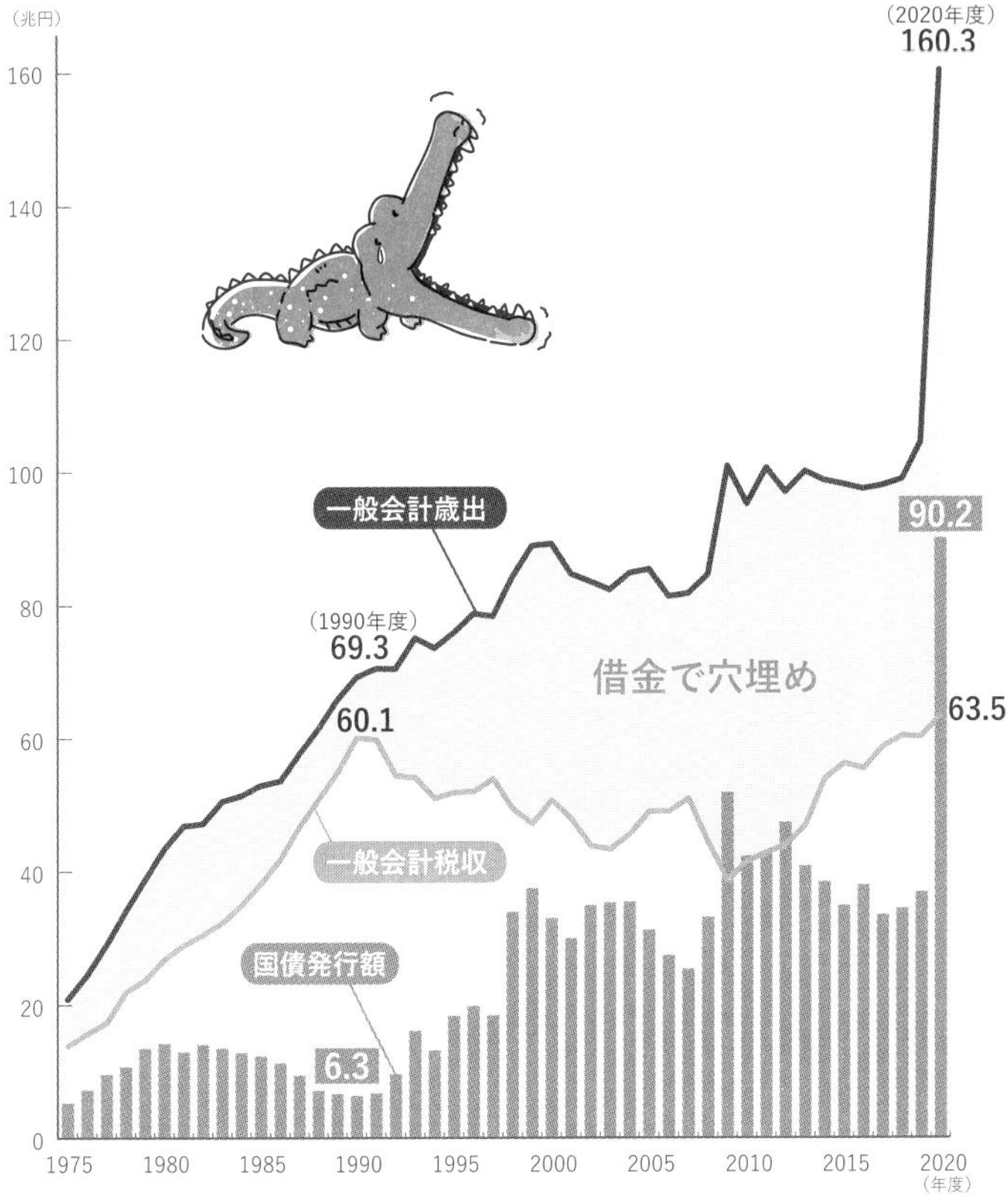

(注1):2018年度までは決算、2019年度は補正後予算、2020年度は第2次補正後予算による。
(注2):2019年度・2020年度の計数は、「臨時・特別の措置」に係る計数を含んだもの。
(注3):簡略化のため、その他収入については捨象。

(出所):財務省「これからの日本のために財政を考える」より。

将来世代にツケを残してはいけないといって、国が国債を発行してお金を国民にいきわたらすことを控え、公共投資を減らしてきた結果、新型コロナウイルスの感染拡大に襲われた2020年は医療資源が逼迫してコロナで亡くなる人や、景気悪化による経済苦で自殺をした人が増えました。

特に後者では若者や女性が目立っています。将来世代にツケを残してはいけないという政策をとった結果、現役世代が減ってしまい、そもそも将来世代が残らないというチグハグな政策になってはいないでしょうか？

本書ではお金の教養をつけるのが目的ですから、私の意見を主張する気は一切ありません。前項目と本項目は財務省や日本銀行のデータをもとに事実を書いてきました。いままでとられてきた政策が正しかったのかどうか、みなさんが各自で考えてくれることを願います。

COLUMN

国の借金は返さなくてもいいの？

MMT（現代貨幣理論）ブーム到来？

この数年で**MMT**という経済理論に注目が集まっています。MMTとはModern Monetary Theoryの頭文字を取って作られた略称であり、日本語では「**現代貨幣理論**」と訳されています。ただ注目が集まっているといっても、素晴らしい経済理論であるという注目の集め方ではなく、とんでもない理論であるということで、非難の的になっているのです。

MMTが主張することを2つ紹介します。

1つ目は、変動相場制を採用しており、自国通貨を発行できる政府は、**自国通貨建てで支出する能力に制約はなく、デフォルト（債務不履行）に陥るリスクはない**、ということです。簡単にいうと、変動相場制を採用し、日本円という自国通貨を発行できる日本政府がいくら日本円建ての国債を発行しても、デフォルトすることはないということです。

なぜかMMTの話をするとこの1つ目の主張だけが強調されがちですが、MMTには2つ目の中核的な主張として、**「ジョブ・ギャランティー・プログラム（JGP・就業保証プログラム）」という政策案**があります。

MMTは完全雇用を目標としますが、JGPはかなり直接的な政策です。「完全雇用」とは働く意志のある人が全て雇われている状態を指しています。これは「非自発的失業」状態の人がいない状態を指すものの、失業率がゼロということではありません。なぜなら、転職にともなう失業を指す「摩擦的失業」状態にある人や、条件が合わないために職に就かない「自発的失業」状態の人が存在するからです。

JGPは「独自の通貨を発行できる政府の支出能力は無制限であるため、一定賃金での雇用を無制限に供給する」というものです。JGPが優れているのは、ただ完全雇用を達成するためだけの政策ではなく、労働力の「バッファー・ストック（緩衝在庫）」としても作用する点です。

どういうことかというと、一般的に景気が悪くなると失業者が増えますが、その場合はＪＧＰに参加すればよく、逆に景気が良くなれば、民間企業はＪＧＰで提示されている同一賃金よりも良い条件を出して、ＪＧＰが抱えるバッファー・ストックから労働力を引き抜けばよいのです。つまり、**ＪＧＰによる賃金の支払総額（財政支出）は、景気が悪くなった時は増え、景気が良くなった時は減るというビルトイン・スタビライザーのような機能も持つ**のです。

非常に簡潔に説明してしまったので、上記だけの理解でＭＭＴを理解した気になってはいけませんが、ＭＭＴは日本国内に限らず世界中で注目されています。しかし、前述の通り、素晴らしい理論としてではなく、とんでもも理論として非難の的になっているのです。

議論の仕方を学ぶ機会

ＭＭＴについて詳しく学びたい方は拙著『ＭＭＴが日本を救う』（宝島新書）を読んでいただければと思いますが、このＭＭＴを巡る議論を眺める中で、私はしっかりと議論の仕方を身につけないといけないなと思いました。それこそ教養を身につけることといえるのかもしれません。

たとえば、MMTを批判する意見の代表的なものに「MMTはどれだけ国債を発行してもハイパーインフレにならないといっている」というものがあります。

しかし、その指摘は話になりません。なぜなら、そんなことはいってないからです。MMTでは財政赤字だから財政支出を減らすというような判断をするのではなく、**景気が悪ければ財政支出をする。**財政黒字だから財政支出を増やしてもいいのではなく、**目標とするインフレ水準に差し掛かった段階で財政支出を減らす。**というように、あくまで景気の状態に合わせて財政政策を変えるということを主張しているからです。

これは**機能的財政論**とよばれており、政府は総需要が不足して失業が生じている局面では支出拡大や減税によって総需要を刺激し、総需要不足や失業が解消されてインフレが過熱している局面では支出削減や増税によって総需要を引き下げるべきとしています。ですから、「いくらでも国債を発行しても問題ない」とは一言もいっていないのであって、そもそも議論にならないのです。

次によくあるのが、「MMTが本当に正しいのなら、税金はいらないから無税国家が成立する」というものです。これは非常に有名な方がいっている動画がＹｏｕＴｕｂｅにも残っています。しかし、これはもはや議論以前の問題で、批判するにしてもまずはＭＭＴのことを勉強したほうがいいというレベルです。

ＭＭＴは**租税貨幣論**という考え方の上に成り立っています。これは、**いまとなっては金などの貴金属との引き換えもされない不換紙幣であるお金を私たちが貨幣として扱うのは国家が納税手段として認めているから**というものです。ですから、ＭＭＴを否定する際に無税国家という税の存在を否定するかたちで批判をすることは、私はＭＭＴについて少しも勉強したことはありませんと白状してしまっていることになるのです。

ＭＭＴについては賛否両論（否が圧倒的に多い）ありますが、まずは１つの考え方として学んでみるといいと思います。ＭＭＴに限りませんが、支持するにせよ、反対するにせよ、しっかりと自分の目で本を読み知識をつけ、それに対して考察をするというプロセスを経ずに議論をすることは非常に恥ずかしい行為であるということは覚えておきましょう。

エピローグ

新しいお金の考え方

●お金の話も変化している

最後に、一見お金とは関係のない話から始めさせてください。

昔々、地球は宇宙の中心にあって、太陽や月、その他の星が地球の周りを回っていると考えられていました。この考え方を「天動説」といいます。

この天動説は1400年もの長い間信じられてきましたが、コペルニクスが「太陽の周りを地球やその他の惑星が回っている」と考えたほうが、惑星の動きなどを簡単に説明できるとし、「地動説」を唱えました。しかし、この説はなかなか受け入れられることはありませんでした。

その後、17世紀に入り望遠鏡が発明されると、ガリレオ＝ガリレイが観測によって地動説を実証しましたが、この考えを受け入れたくない協会の聖職者たちによってガリレオは何度も宗教裁判にかけられてしまいました。

みなさんの中にもこの話を本で読んだり、授業で習ったりしたことがある人もいるでしょう。そして、「まだ技術も進歩していなくて、ネットもなかった時代は間違った考え方が信じられていたこともあったのでしょう」、などと捉えている人もいるかもしれません。

ただ、多くの人が「さすがに現代ではそのように誤った言説が普通に受け入れられていることなんてない」と思うことでしょう。「頭が良い人が多そうな金融や経済の世界では、常に凡人では思いつかないような先進的で高度な理論が展開されて、そんな時代遅れなことは起きているはずもない」と思う人もいるかもしれません。

しかし、本書をここまで読み進めてきた方は、お金に関する話でもいくつも天動説・地動説のようなことが起こり始めているということに気づいたかと思います。

預金はお金が持ち込まれて発生するのではなく、貸し出しをすることで発生するということ。

金利を下げれば、家計や企業が借り入れをして投資や消費をすると思われていたが、実際はそうならなかったということ。

国債を大量に発行すると円の価値が急落し、ハイパーインフレになるといわれていたが、1年間で100兆円以上の国債を発行しても円の価値は急落せず、むしろデフレになっているということ。

これらは私が習ってきた内容と現実で起きていることが違ったということであり、このことに対して私は、天動説を信じていたのに自分で望遠鏡を覗いてみたら真逆の現象が確認されたような驚きを感じています。

●いまを生きる私たちに一番求められること

バブル崩壊以降、日本経済は「失われた30年」といわれる低成長時代になりました。私は執筆時点では36歳ですので、物心のついたころから、ずっと「失われた」時代を生きてきたことになります。この「失われた」という言葉は、その前の時期と比較した場合の表現であるため、比較対象を持たない私にとって日本経済がそこまで落ち込んでいるという印象はありませんでした。

しかし、社会人になってから毎年しっかりと高成長を遂げるアジアの新興各国で仕事をするようになり、「いまは給料が低くても働いていれば将来は給料が上昇していく」と信じている明るい同僚たちと働いている中で、「これが経済成長なのか」と実感してみると、「いまの日本は停滞しているな」と思わざる得ません。

なぜ頭がよく優秀な人々が政治家や経済学者になっているのに、30年間も「失われた」期間を放置してしまったのでしょうか？　いや、放置をしたのではなく、対処はしたものの改善できなかったといったほうが正しいのかもしれません。

その答えの1つは、やはり間違った考え方にもとづいて政策を決めていたからなのではないでしょうか？

それでは、ここでクイズです。最後のクイズになりますから、選択肢から選ぶのではなく、問題文を読んでから頭の中で考えるスタイルにしましょう。問題文を読んだらすぐに読み進めていくのではなく、しっかりとこれまで学んだことを思い出しながら考えてみてください。

問題

あなたが国の政策を決める立場にあったとして、「失われた30年」となってしまった日本経済を再び回復させるために、どのような政策をとりますか？

どうでしょうか？　ちょっと難しすぎましたか？　ちなみに、クイズと書きましたが、明確な答えがあるわけではありません。

何が正解なのかは誰にもわからないかもしれません。

長いことデフレは悪だといわれ、デフレ脱却を目指して日本銀行が様々な策を打ってきたものの、新型コロナウイルスの影響もあいまって日本経済は再びデフレに再突入する事態となりました。

まずはデフレ脱却を目指すことが重要でしょう。しかし、金融政策は異次元の緩和を続けていることにより、もう打てる手がそれほど残っていません。金融政策が手詰まりならば、積極的な財政政策をとるべきなのですが、そこには緊縮財政という壁が立ちはだかります。

日本が財政破綻する、ハイパーインフレが起きてしまう。将来世代に負担を先送りするのか？　このような意見を前に積極的に財政政策を打つことができなかったのがこの30年なのです。しかし、実際に巨額な財政赤字が出た2020年、財政破綻も円の急落もハイパーインフレも起きませんでした。

これらの事実に対して戦後のドイツや日本、ギリシャなどを例に挙げ財政破綻論を説く専門家は多いですが、いまは戦後のドイツのようにどこからか巨額な賠償金を請求されていたり、日本のように工場など生産能力が戦争によって破壊されたりしたわけでもありません。また、ユーロ圏に入ったことで自国通貨を発行できなくなり、外貨建ての債券で資金調達をするしかないギリシャとは置かれている環境も違います。

このように**しっかりと歴史的な事実を認識しつつ、長いこと一般的とされていた誤った考え方から柔軟に考え方を変えられる人が増えていけば日本は変わる**でしょう。

日本国民としての価値観

本書では節約や資産運用という個人レベルの話から、国がどのような政策をとるべきなのかという国家レベルの話まで扱いました。

あまりにも幅が広かったため、何がなんだかわからなかったという部分もあったかもしれませんが、全てに共通するのは「お金」ということです。日本人は昔からお金の話を無意識のうちに遠ざけていましたが、お金のことを知ると、最終的には日本という国家について考えるようになります。

お金は人をおかしくしてしまう魔力もありますが、同時に困窮している人々を救うこともできます。そのお金を発行できるのは国家です。ヨーロッパで共通通貨としてユーロが導入された際に、世界が1つになっていく前段階だとして歓迎する声を聴いた覚えがありますが、私は自国の通貨を発行するという権利を捨ててしまうのは、国家としてあまりにも危険だと思っていました。ここまで本書を読み進めていただいたみなさんはどのように感じるでしょうか？

コロナ禍で多くの人々が困窮するなか、間違った考えにもとづく政策によって多くの救えた命が失われていっています。一方で、コロナのおかげというのは少し問題がある言い方かもしれませんが、失われた30年の間に素晴らしいと持ち上げられてきたグローバル化や資本主義といった考え方にも「本当に正しかったんだっけ？」と改めて考え直す機会が与えられたとも思っています。

これまで常識だと思われていたことが、実は間違っていたということがお金の世界ではたくさん起こっています。本書を通じて、１人１人が正しいお金の知識と教養を身につけてくれることが、実は日本という国家をよりよいものに導いていく一歩となるのかもしれません。そんなことを思いつつ私のお話はここで終えたいと思います。最後までお読みいただきありがとうございました。

２０２１年４月　森永康平

●内閣府「昭和52年年次経済報告（経済白書）」
https://www5.cao.go.jp/keizai3/keizaiwp/wp-je77/wp-je77-02202.html

●内閣府「令和元年版高齢社会白書」
https://www8.cao.go.jp/kourei/whitepaper/w-2019/zenbun/01pdf_index.html

●日経ビジネス
https://business.nikkei.com/

●日本銀行「教えて！　にちぎん」
https://www.boj.or.jp/announcements/education/oshiete/

●日本経済新聞
https://www.nikkei.com/

●日本経済団体連合会
https://www.keidanren.or.jp/

●日本の人事部「人事辞典」
https://jinjibu.jp/keyword/

●野村證券「証券用語解説集」
https://www.nomura.co.jp/terms/

●野村総合研究所 ニュースリリース
https://www.nri.com/jp/news/newsrelease/lst/2020/cc/1221_1

●博報堂生活総合研究所「未来年表」
https://seikatsusoken.jp/futuretimeline/

●ビジドラ
https://www.smbc-card.com/hojin/magazine/bizi-dora/

●プレジデントオンライン
https://president.jp/

●マネー現代
https://gendai.ismedia.jp/money

●読売新聞オンライン
https://www.yomiuri.co.jp/

●auじぶん銀行「為替のきほん」
https://www.jibunbank.co.jp/guidance/basic_of_exchange/

●SMBC日興証券「初めてでもわかりやすい用語集」
https://www.smbcnikko.co.jp/terms/

●Web担当者Forum
https://webtan.impress.co.jp/

【STAFF】
本文デザイン・DTP：辻井 知（SOMEHOW）
本文イラスト：gida_gida

注記参考サイト

- 朝日新聞DIGITAL
  https://www.asahi.com/
- 尼崎信用金庫「世界の貯金箱博物館」
  https://www.amashin.co.jp/sekai/
- 大阪府警察「特殊詐欺にご注意！」
  https://www.police.pref.osaka.lg.jp/seikatsu/tokusyusagi/
- 外務省
  https://www.mofa.go.jp/
- 銀行員.com
  http://www.ginkouin.com/
- 金融審議会 市場ワーキング・グループ報告書「高齢社会における資産形成・管理」
  https://www.fsa.go.jp/singi/singi_kinyu/tosin/20190603/01.pdf
- 国税庁
  https://www.nta.go.jp/
- 公益社団法人 2025日本国際博覧会協会
  https://www.expo2025.or.jp/
- 厚生労働省「介護分野をめぐる状況について」
  https://www.mhlw.go.jp/content/12300000/000608284.pdf
- 財務省「教えてコクサイ先生」
  https://www.mof.go.jp/jgbs/individual/kojinmuke/oshiete/
- 財務省「日本の財政を考える」
  https://www.mof.go.jp/zaisei/aging-society/
- 総務省統計局「家計調査　用語の解説」
  https://www.stat.go.jp/data/kakei/kaisetsu.html
- 大和証券「金融・証券用語解説集」
  https://www.daiwa.jp/glossary/
- 宝くじ公式サイト
  https://www.takarakuji-official.jp/
- 東洋経済オンライン
  https://toyokeizai.net/
- 独立行政法人 労働政策研究・研修機構「早わかり　グラフでみる長期労働統計」
  https://www.jil.go.jp/kokunai/statistics/timeseries/index.html
- ドラえもんチャンネル
  https://dora-world.com/
- 内閣府「安倍内閣の経済財政政策」
  https://www5.cao.go.jp/keizai1/abenomics/abenomics.html

著者紹介

森永康平（もりなが・こうへい）

金融教育ベンチャーの株式会社マネネCEO、経済アナリスト。
証券会社や運用会社にてアナリスト、ストラテジストとしてリサーチ業務に従事。その後はインドネシア、台湾、マレーシアなどアジア各国にて法人や新規事業を立ち上げ、各社のCEOおよび取締役を歴任。現在は複数のベンチャー企業のCOOやCFOも兼任している。日本証券アナリスト協会検定会員。著書に『いちばんカンタン つみたて投資の教科書』（あさ出版）や父・森永卓郎との共著『親子ゼニ問答』（新書／KADOKAWA）、『MMTが日本を救う』（新書／宝島社）などがある。

Twitter：@KoheiMorinaga

誰(だれ)**も教**(おし)**えてくれない**
お金(かね)**と経済**(けいざい)**のしくみ**

〈検印省略〉

2021年　5　月 19　日　第　1　刷発行

著　者――森永 康平（もりなが・こうへい）
発行者――佐藤 和夫

発行所――株式会社あさ出版
〒171-0022 東京都豊島区南池袋 2-9-9 第一池袋ホワイトビル 6F
電　話　03 (3983) 3225 (販売)
　　　　03 (3983) 3227 (編集)
F A X　03 (3983) 3226
U R L　http://www.asa21.com/
E-mail　info@asa21.com
印刷・製本 (株) シナノ

note　http://note.com/asapublishing/
facebook　http://www.facebook.com/asapublishing
twitter　http://twitter.com/asapublishing

ISBN978-4-86667-284-7 C2034